만나서 반가워요.
¡Mucho gusto!

발음과 억양 및 준비강의

스페인어를 배우기 위한 준비 되었나요?
스페인어를 쉽게 배우고 이해하기 위해 스페인어의 알파벳과 발음, 강세를 살펴보고 스페인어에서 기초가 되는 남성명사와 여성명사를 살짝 살펴보도록 할게요.

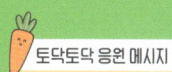
토닥토닥 응원 메시지

¡Hola, español!(올라 에스빠뇰) "안녕, 스페인어!"
스페인어와의 첫 만남이 설레는 여러분, 편안한 마음으로 인사를 던져 보아요. 힘차게 인사를 건네는 것에서부터 재미있는 스페인어를 배우는 첫걸음이 시작된답니다!

01 스페인어 알파벳

El alfabeto [엘 알f파베또]

스페인어에는 5개의 모음과 24개의 자음이 있어요. 대부분의 발음은 우리가 영어에서 공부했던 영어의 알파벳들과 상당히 유사하지만, 영어와 다르기 때문에 유의해야 할 발음들도 있답니다.

a	a 아	**b**	be 베	**c**	ce 쎄		
ch	che 체	**d**	de 데	**e**	e 에		
f	efe 에f페	**g**	ge 헤	**h**	hache 아체		
i	i 이	**j**	jota 호따	**k**	ka 까		
l	ele 엘레	**ll**	elle 에예	**m**	eme 에메		
n	ene 에네	**ñ**	eñe 에녜	**o**	o 오		
p	pe 뻬	**q**	cu 꾸	**r**	erre 에r레		
s	ese 에쎄	**t**	te 떼	**u**	u 우		
v	uve 우베	**w**	uve doble 우베도블레	**x**	equis 에끼스		
y	ye, i griega 예, 이 그리에가	**z**	zeta 쎄따				

02 모음 발음하기

a	e	i	o	u
아	에	이	오	우

소리의 기본 단위인 '음절'을 만들기 위해서는 최소한 1개의 모음이 필요하지만, 주로 자음과 모음이 합쳐져 음절을 구성한답니다.

a 아	ba 바	da 다	ma 마	na 나	sa 싸
e 에	be 베	de 데	me 메	ne 네	se 쎄
i 이	bi 비	di 디	mi 미	ni 니	si 씨
o 오	bo 보	do 도	mo 모	no 노	so 쏘
u 우	bu 부	du 두	mu 무	nu 누	su 쑤

예 sí 네   no 아니요   mamá 엄마   boda 결혼식
     씨   노   마마   보다

 핵심 문법 포인트

á é í ó ú : 모음 위에 오른쪽 위에서 왼쪽 아래 방향으로 점을 찍어주어 해당 모음(음절)에 강세가 있음을 표시해 줄 수 있어요. 이 발음 기호를 tilde(띨데)라 불러요.

03 자음 발음하기

MP3 01-03

대부분의 자음

우리가 영어에서 배운 것과 크게 다르지 않게 직관적으로 발음할 수 있어요. 다만 p, t, s는 영어에서 처럼 거센소리보다는 우리말의 된소리(쌍자음)처럼 발음해 보아요.

b 베 ➔ ㅂ	ba 바	be 베	bi 비	bo 보	bu 부
d 데 ➔ ㄷ	da 다	de 데	di 디	do 도	du 두
ch 체 ➔ ㅊ	cha 차	che 체	chi 치	cho 초	chu 추
m 에메 ➔ ㅁ	ma 마	me 메	mi 미	mo 모	mu 무
n 에네 ➔ ㄴ	na 나	ne 네	ni 니	no 노	nu 누
p 뻬 ➔ ㅃ	pa 빠	pe 뻬	pi 삐	po 뽀	pu 뿌
t 떼 ➔ ㄸ	ta 따	te 떼	ti 띠	to 또	tu 뚜
s 에쎄 ➔ ㅆ	sa 싸	se 쎄	si 씨	so 쏘	su 쑤

예 chico 소년 (치꼬)　Corea 대한민국 (꼬레아)　tango 탱고 (땅고)　pepino 오이 (뻬삐노)　nada 아무것도, 무(無) (나다)　semana 주 (쎄마나)

f

영어의 F처럼 윗니가 아랫입술을 물었다가 바람을 내쉬면서 소리가 나요. (편의상 ㅍ와 함께 ᶠ로 표현)

f 에ᶠ페	fa ᶠ파	fe ᶠ페	fi ᶠ피	fo ᶠ포	fu ᶠ푸

예 familia 가족 (ᶠ파밀리아)　flor 꽃 (ᶠ플로르)

c, g

함께 오는 모음에 따라 두 가지 다른 소리가 나요.

c 쎄 ➔ ㄲ, ㅆ	ca 까	ce 쎄	ci 씨	co 꼬	cu 꾸
g 헤 ➔ ㄱ, ㅎ	ga 가	ge 헤	gi 히	go 고	gu 구

예 cena 저녁식사 (쎄나)　cien 100 (씨엔)　genial 훌륭한 (헤니알)　gigante 거대한, 거인 (히간떼)

04 자음 발음하기

MP3 01-03

께, 끼, 게, 기
c, g 발음에서 표현하지 못한 이 네 가지 발음은 다음과 같이 써줍니다.

que	께	qui	끼
gue	게	gui	기

u에 미안한 마음 갖지 말고 과감히 묵음으로 읽어주세요!

예 Miguel 사람 이름   águila 독수리   queso 치즈   quién 누구
  미겔   아길라   께쏘   끼엔

h
모음 앞에서 묵음으로 발음되어 모음만 발음해주면 돼요.

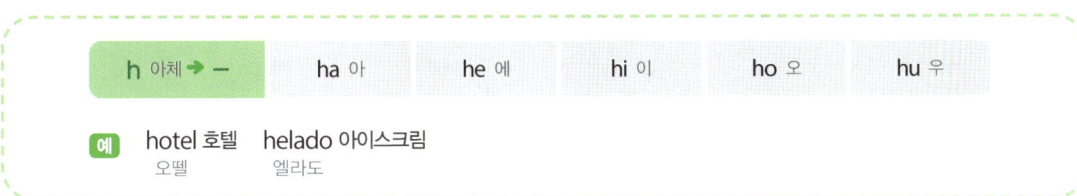

예 hotel 호텔   helado 아이스크림
  오뗄   엘라도

j
우리말의 ㅎ 발음처럼 목을 굵으며 소리를 내주되, 너무 강할 필요까지는 없어요.

예 ajo 마늘   jardín 정원
  아호   하르딘

l
모음이 이어지면 ㄹ 초성의 소리를, 모음 뒤에서는 ㄹ 받침의 소리를 내요.

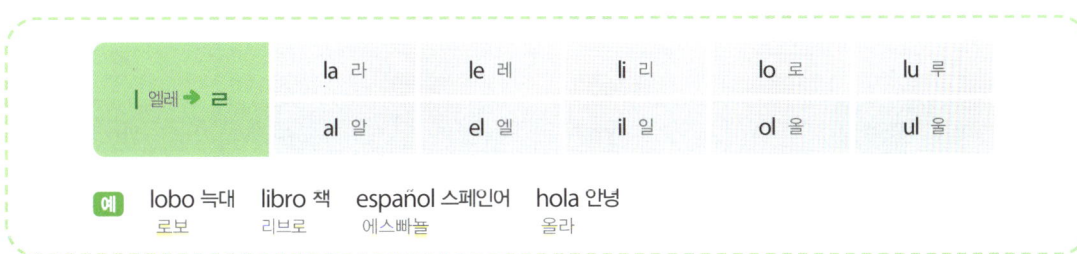

예 lobo 늑대   libro 책   español 스페인어   hola 안녕
  로보   리브로   에스빠뇰   올라

05 자음 발음하기

r
r로 시작하거나 중간에 두 번 (-rr-) 들어가면 혀를 떨면서 발음해줘요. 중간에 한 번 들어가면 ㄹ로 발음해줘요.

| r 에레 ➔ ㄹ | ra 라 | re 레 | ri 리 | ro 로 | ru 루 |

모음이 없을 땐 가볍게 '르'로 발음해 줘요.

예) rico 맛있는 (리꼬) radio 라디오 (라디오) perro 개 (뻬로) churro 츄로스 (추로) pero 하지만 (뻬로) gordo 뚱뚱한 (고르도)

ll, y
영어의 y처럼, [이]라는 음가를 가진 소리예요. 모음과 합쳐서 소리를 내요.

| ll 에예 ➔ 이 | lla 야 | lle 예 | lli 이 | llo 요 | llu 유 |
| y 예 ➔ 이 | ya 야 | ye 예 | yi 이 | yo 요 | yu 유 |

스페인어를 쓰는 지역에 따라 이 두 발음은 'ㅈ'에 가깝게 '쟈, 졔, 지, 죠, 쥬'처럼 들리기도 해요.

예) Sevilla 세비야(스페인의 도시) (세비야) pollo 닭고기 (뽀요) yo 나 (요) joya 보석 (호야)

ñ
[니]라는 음가를 가진 자음이에요.

| ñ 에녜 ➔ 니 | ña 냐 | ñe 녜 | ñi 니 | ño 뇨 | ñu 뉴 |

예) mañana 내일 (마냐나) piña 파인애플, 솔방울 (삐냐) muñeca 손목, 인형 (무녜까) niño 꼬마아이 (니뇨)

v
영어와는 다르게 우리말의 ㅂ처럼 발음하면 돼요.

| v 우베 ➔ ㅂ | va 바 | ve 베 | vi 비 | vo 보 | vu 부 |

예) violeta 보라색, 제비꽃 (비올레따) uva 포도 (우바)

06 자음 발음하기

X   x로 시작할 때는 ㅆ 발음으로, 단어의 중간에서는 앞 음절의 ㄱ 받침과 이어지는 음절에서 ㅆ로 발음해요.

| X 에끼스 ➔ ㅆ | xa 싸 | xe 쎄 | xi 씨 | xo 쏘 | xu 쑤 |

예) xilófono 실로폰   examen 시험   máximo 최대
     씰로f포노   엑싸멘   막씨모

Z   영어와 다르게 ㅆ으로 발음해요.

| Z 쎄따 ➔ ㅆ | za 싸 | ze 쎄 | zi 씨 | zo 쏘 | zu 쑤 |

스페인에서는 z와 ce, ci 발음을 [θ](번데기발음)로 발음해요.

예) zapatos 신발, 구두   zumo 즙, 주스   voz 목소리
     싸빠또스   쑤모   보스

k, w   순 스페인어에서는 사용하지 않고 외래어에서만 사용돼요. 영어와 같은 발음으로 발음할 수 있어요.

예) karaoke 노래방   kilo 킬로   kiwi 키위   web 웹
     까라오께   낄로   끼위   웹

발음과 억양

MP3 01-04

스페인어 강세규칙

☆ **음절의 구분**
일반적으로 음절은 소리의 기본 단위인 모음을 기준으로 구분해요.

☆ **강세**
강세는 음의 높이보다는 음의 길이를 길게 해줘야 정확히 강세를 줄 수 있어요.

모음으로 끝나는 단어

끝에서 두 번째 음절에 강세가 들어가요.

> 예 cena [쎄―나] 저녁식사   helado [엘라―도] 아이스크림   pollo [뽀―요] 닭고기

n, s로 끝나는 단어

끝에서 두 번째 음절에 강세가 들어가요.

> 예 examen [엑싸―멘] 시험   pollos [뽀―요스] 닭고기들(복수)

기타 자음으로 끝나는 단어

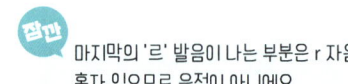
마지막의 '르' 발음이 나는 부분은 r 자음 혼자 있으므로 음절이 아니에요.

마지막 음절에 강세가 들어가요.

> 예 español [에스빠뇰―] 스페인어   popular [뽀뿔라―르] 인기있는
> universidad [우니베르시닫―] 대학교

위의 세 가지 경우에서 벗어나게 발음해야 하는 경우

강세 표시 tilde를 찍어서 반드시 그 자리에 강세가 들어가게 해야 해요.

> 예 Andrés [안드레―스] 사람 이름   azúcar [아쑤―까르] 설탕
> condición [꼰디씨온―] 조건

관용 표현

MP3 01-05

기본 표현 알아보기

❶ Sí 네
  씨

❷ No 아니요
  노

 영어의 No 처럼 '노우-'라고 발음하지 않고 담백하게 '노'라고 발음하도록 해주세요.

스페인어로 만날 때 인사하기

❶ ¡Hola! 안녕하세요.
  올라

❷ ¡Buenos días! 안녕하세요. (아침 인사)
  부에노스 디아스

❸ ¡Buenas tardes! 안녕하세요. (오후 인사)
  부에나스 따르데스

❹ ¡Buenas noches! 안녕하세요. (밤 인사)
  부에나스 노체스

❺ Mucho gusto 만나서 반가워요.
  무초 구스또

 밤에 헤어질 때 '잘자요'라는 의미로도 사용될 수 있어요.

 핵심 문법 포인트
스페인어에서도 영어와 마찬가지로 문장의 시작은 대문자로 써줘야 해요. 그리고 특정한 대상의 이름인 '고유명사'인 경우도 대문자로 시작하죠. 다만, 영어에서는 고유명사로 취급되지만 스페인어에서는 일반명사인 단어들도 있으니 유의해야 해요.

 핵심 문법 포인트
¿...?, ¡...! : 스페인어는 구조적으로 평서문과 의문문의 구분이 잘 되지 않는 경우가 종종 발생해요. 그래서 의문문의 경우 문장의 첫 머리에서 의문문이 시작하는 것을 알리기 위해 물음표를 뒤집어서 표기해주게 됩니다. 느낌표도 마찬가지로 앞에 뒤집힌 느낌표, 마지막에 보통의 느낌표를 찍어주면 돼요.

단어

(el) día [디아] 날, 일   (la) tarde [따르데] 오후   (la) noche [노체] 밤   (el) gusto [구스또] 즐거운, 기쁨

준비강의 플러스

스페인어의 명사

스페인어에는 일반적으로 남성명사와 여성명사 크게 두 가지가 존재해요. 특별한 이유가 있는 경우도 있지만 대부분은 특별한 이유 없이 정해진 명사의 특징일 뿐이에요. 그리고 대부분의 명사는 단수 혹은 복수로 쓰여질 수 있어요. 따라서 다음의 네 가지 조합의 단어가 쓰여질 수 있죠.

	남성	여성
단수	남성 단수	여성 단수
복수	남성 복수	여성 복수

관사

명사를 사용할 때, 명사의 성질을 나타내기 위해 명사의 앞에 붙여주는 단어를 관사라 하는데 크게 두 가지 정관사와 부정관사가 존재해요.

정관사 대화에서 이미 등장했거나 화자 간에 알고 있는 대상을 지칭할 경우 명사 앞에 붙여줘요.

	남성	여성
단수	el 엘	la 라
복수	los 로스	las 라스

예) el libro (그) 책   la casa (그) 집   los libros (그) 책들   las casas (그) 집들
    엘 리브로   라 까싸   로스 리브로스   라스 까싸스

부정관사 대화에서 처음 등장하여 화자 간 (주로 듣는 이) 모르는 대상을 지칭할 경우 명사 앞에 붙여줘요.

	남성	여성
단수	un 운	una 우나
복수	unos 우노스	unas 우나스

예) un libro (어떤) 책   una casa (어떤) 집   unos libros (어떤) 책들   unas casas (어떤) 집들
    운 리브로   우나 까싸   우노스 리브로스   우나스 까싸스

단어

(el) libro [리브로] 책   (la) casa [까싸] 집

준비강의 플러스

지시형용사

정관사나 부정관사 대신 명사를 더욱 명확히 지칭하기 위해 명사 앞에 붙여줘요. '이(것)', '저(것)', '그(것)'의 의미를 가져요.

이 – 말하는 이와 듣는 이 모두에게 가까운 대상을 가리킬 때 사용해요.

	남성	여성
단수	este 에스떼	esta 에스따
복수	estos 에스또스	estas 에스따스

예 este libro 이 책   esta casa 이 집   estos libros 이 책들   estas casas 이 집들
    에스떼 리브로   에스떼 까싸   에스또스 리브로스   에스따스 까싸스

저 – 말하는 이와 듣는 이 모두에게 먼 대상을 가리킬 때 사용해요.

	남성	여성
단수	aquel 아껠	aquella 아께야
복수	aquellos 아께요스	aquellas 아께야스

예 aquel libro 저 책   aquella casa 저 집   aquellos libros 저 책들   aquellas casas 저 집들
    아껠 리브로   아께야 까싸   아께요스 리브로스   아께야스 까싸스

그 – 말하는 이에게는 멀고 듣는 이에게는 가깝거나, 양쪽 모두에게 보이지 않는 대상을 가리킬 때 사용해요.

	남성	여성
단수	ese 에쎄	esa 에싸
복수	esos 에쏘스	esas 에싸스

예 ese libro 그 책   esa casa 그 집   esos libros 그 책들   esas casas 그 집들
    에쎄 리브로   에싸 까싸   에쏘스 리브로스   에싸스 까싸스

 준비강의 플러스

성수일치

관사와 명사, 지시형용사와 명사, 그리고 명사를 꾸며주는 형용사까지 **명사를 기준**으로 그 성과 수를 일치시켜 줘야 해요.

스페인어의 형용사

그래서 스페인어의 형용사도 보통 네 가지의 형태로 변형된답니다.

caro 비싼		남성	여성
	단수	caro 까로	cara 까라
	복수	caros 까로스	caras 까라스

관사 + 명사 + 형용사

스페인어에서 명사를 꾸며주는 형용사는 명사의 앞과 뒤에 모두 쓰여질 수 있는데 보통 뒤에서 꾸며주는 경우가 더 많아요.

예 casa mía 나의 집   la vida loca 미친 인생
   까싸 미아   라 비다 로까

잠깐 보통 나의 집은 'mi casa'라고 표현하는 것이 일반적이지만 우리 주변에서 봐서 익숙한 이러한 표현(casa mía)도 가능해요.

	남성 (libro)	여성 (casa)
단수	el libro caro 엘 리브로 까로 un libro caro 운 리브로 까로 este libro caro 에스떼 리브로 까로 aquel libro caro 아껠 리브로 까로 ese libro caro 에쎄 리브로 까로	la casa cara 라 까싸 까라 una casa cara 우나 까싸 까라 esta casa cara 에스따 까싸 까라 aquella casa cara 아께야 까싸 까라 esa casa cara 에싸 까싸 까라
복수	los libros caros 로스 리브로스 까로스 unos libros caros 우노스 리브로스 까로스 estos libros caros 에스또스 리브로스 까로스 aquellos libros caros 아께요스 리브로스 까로스 esos libros caros 에쏘스 리브로스 까로스	las casas caras 라스 까싸스 까라스 unas casas caras 우나스 까싸스 까라스 estas casas caras 에스따스 까싸스 까라스 aquellas casas caras 아께야스 까싸스 까라스 esas casas caras 에싸스 까싸스 까라스

성수일치는 오래 스페인어를 공부한 사람들도 종종 헷갈릴 수 있는 규칙이에요. 대화하면서 뜻이 전달되는 데에는 큰 영향을 미치지 않지만, 정확히 지켜줘야 더 고급진 스페인어를 구사할 수 있답니다.

연습문제 – 말하기

1 듣고 따라서 발음해 보세요.

① patata
② muchacho
③ domingo
④ Francia
⑤ cocina
⑥ guerra
⑦ quesadilla
⑧ río
⑨ hambre
⑩ jefe
⑪ Lola
⑫ lluvia
⑬ apoyo
⑭ caña
⑮ clímax
⑯ taza

2 강세 표시하기

① imagen
② paraguas
③ alegre
④ pasión
⑤ pastel
⑥ valor

연습문제 - 듣기, 쓰기

1 불러주는 스펠링을 듣고 단어를 적어 보세요.

> 예   libro

① _____
② _____
③ _____

2 듣고 직접 단어를 적어 보세요.

> 예   casa

① _____
② _____
③ _____
④ _____
⑤ _____
⑥ _____
⑦ _____

플러스 표현

MP3 01-08

가장 많은 국가에서 모국어로 쓰이는 언어 - 스페인어

스페인어는 스페인 중부의 카스띠야 지방에서 유래된 언어로 언어의 고향인 스페인뿐만 아니라 전세계 아주 많은 나라에서 쓰이는 언어예요.

스페인과 중남미의 대부분 국가에서 스페인어를 모국어로 사용하고 있고요, 히스패닉계 인구가 많은 미국의 많은 주에서도 정식 언어로 인정해주기 때문에 아주 활용도가 높은 언어죠. 지금은 거의 쓰이지 않는 라틴어에서 분화된 언어라 스페인 주변 나라의 언어들, 즉 프랑스어, 이탈리아어, 포르투갈어와 비슷한 점이 많아서 스페인어를 배우고 나면 나머지 언어를 더욱 수월하게 배울 수 있답니다. 언젠가 우리도 4개국어, 5개국어를 구사하는 그때를 꿈꿔 보자구요!

헤어질 때 인사

¡Hasta luego!
아스따　루에고
나중에 봐

¡Hasta pronto!
아스따　쁘론또
곧 만나

¡Hasta mañana!
아스따　마냐나
내일 만나

¡Chao! / ¡Chau!
차오　　차우
안녕! 잘가!

¡Adiós!
아디오스
안녕! 잘가!

- Dios : 신(냉장고 아님 주의)
- adiós라는 인사는 과거에 죽은 사람을 땅에 묻으며 '신에게로' 돌려보낸다는 의미로 쓰이던 작별인사였지만 이제는 일상 생활에서의 헤어질 때 인사로 쓰인답니다.

단어

hasta [아스따] ~까지　　luego [루에고] 후에, 나중에, 곧　　pronto [쁘론또] 곧, 재빨리　　mañana [마냐나] 내일

문화

Comida española
[꼬미다 에스빠뇰라]

스페인 음식

우리나라에서도 점점 인기를 얻어가고 있는 스페인 음식과 술 중에 가장 대표적인 다섯 가지만 엄선해 봤어요. 이제 모두 정확히 발음할 수 있겠죠?

1 Paella [빠에야]

빠에야는 스페인을 대표하는 음식이라 할 수 있어요. 그 중에서도 동부 해안지역인 발렌시아 지방을 대표하는데, 현재는 전 세계적으로 가장 유명한 음식이죠. 큰 프라이팬에 해산물이나 토끼고기 등을 넣고 볶아낸 스페인식 볶음밥인데 비싸기로 유명한 향신료인 샤프란을 넣어 특유의 노란 색깔을 띠고 있어요. 우리 입맛에는 다소 짤 수 있으니, 꼭 'Poca sal' [뽀까 쌀] '소금 조금만'이라는 말을 알아 가시면 좋아요.

2 Tapas [따빠스]

정확히는 음식이라기보다는 식욕을 돋우거나 맥주, 와인 등에 곁들여 먹는 간식을 부르는 말이에요. 스페인에는 많은 종류의 타파스가 있는데 가장 대표적인 걸로는 오징어튀김, 문어튀김, 생선튀김, 소시지, 하몬을 곁들인 바게트 등이 있어요. 스페인에는 타파스만 모아서 파는 '타파스 바'가 많이 있으니 꼭 방문해 보시기 바라요.

3 Gambas al ajillo [감바스 알 아히요]

보통 감바스라고 부르기도 하는데, 질 좋은 올리브가 많이 생산되는 스페인의 풍미 좋은 올리브 오일에 마늘과 함께 구워낸 새우 요리예요. 또한 매콤한 맛을 내는 페퍼론치노 고추를 함께 넣어 한국인의 입맛에 딱 맞는 요리라 할 수 있지요. 재료도 구하기 쉽고 레시피도 간단하니 직접 집에서 만들어 보는 건 어떨까요?

4 Jamón [하몬]

돼지고기의 넓적다리 살을 소금에 절인 후 자연건조 시킨 하몬은 음식이라기보다는 대표적인 식재료라 할 수 있는데요. 얇게 저며서 그대로 맥주 안주나 간식으로 즐기기도 한답니다. 특히 이베리아 지방의 흑돼지로 만든 '하몬 이베리코'는 비싼 만큼 특유의 향과 맛이 일품이에요.

5 Sangría [쌍그리아]

우리가 흔히 '샹그리아'라고 잘못 발음하곤 하는 스페인의 술 상그리아는 와인을 기본으로 하여 오렌지, 자몽, 딸기, 사과, 레몬 등의 과일과 탄산수 등을 섞어 만든 상큼한 펀치류 칵테일이에요. 상그리아라는 이름은 '피'를 뜻하는 단어 'sangre' [쌍그레]에서 왔을 만큼 그 강렬한 색깔이 매력적인 술이지요. 더운 여름 광장에 앉아 상그리아 한 잔의 여유도 참 괜찮지 않을까요?

단어

poco/a [뽀꼬] 적은 　**(la) sal** [쌀] 소금 　**(la) gamba** [감바] 왕새우 　**(el) ajillo** [아히요] 마늘, 마늘 소스

2

안녕, 나는 안드레스야.
Hola, yo soy Andrés.

본질의 'SER 동사'

스페인어에는 영어의 'Be' 동사의 역할을 하는 동사가 두 개 있어요. 그 중 본질적 내용을 서술하는 동사 'SER'를 가지고 가장 기본적인 문장을 만들어 보아요.

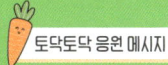

¡Vamos!(바모스) "자, 출발!"
이제 스페인어 발음을 살펴보고, 스페인어의 성수일치를 미리 살펴본 여러분은 바로 문장을 만들어낼 준비가 되었어요! 스페인어와 첫 만남을 하는 우리들! 다양한 형용사를 통해 나를 소개하고, 나에 대해 표현하는 시간을 가져 보도록 할게요!

01 일러두기

스페인어의 인칭/인칭대명사

스페인어의 인칭대명사는 총 6개가 존재하는데 3인칭은 더 세분화될 수 있어요.

1인칭 단수	2인칭 단수	3인칭 단수
yo [요] 나	tú [뚜] 너	él [엘] 그 ella [에야] 그녀 • usted [우스떼드] 당신(= Ud.)

- Ud.은 2인칭 tú에 대한 존칭으로 친하지 않은 사람이거나 예의를 갖춰야 하는 경우 사용해요.

스페인어 복수 인칭에서는 남자와 여자가 섞인 경우 남성형(nosotros, vosotros, ellos)으로 표현하고, 모두 여자일 때는 여성형으로 표현해요.

1인칭 복수	2인칭 복수	3인칭 복수
nosotros [노소뜨로스] 우리들 nosotras [노소뜨라스] 우리들	vosotros [보소뜨로스] 너희들 vosotras [보소뜨라스] 너희들	ellos [에요스] 그들 ellas [에야스] 그녀들 • ustedes [우스떼데스] 당신들(= Uds.)

- Uds.는 2인칭 vosotros/as에 대한 존칭이에요. 다만 중남미에서는 vosotros를 사용하지 않고 Uds.로 대체하여 사용하기 때문에 존칭으로서의 역할은 따로 없어요.

명사 및 형용사 표기

이 책에서는 명사 앞에 정관사(el, la)를 표기하여 남성, 여성명사를 구분해요.
(el) idioma   언어 남성명사   (la) mano   손   여성명사

형용사의 경우 남성 단수, 남성 복수, 여성 단수, 여성 복수형에 따라 네 가지로 변화될 수 있기 때문에 —o/a(s)의 형태로 표기해요.
bonito/a(s) 형   예쁜

독음 표기

모든 단어와 문장은 한글 독음으로 표기했지만, 한글로 표기하기 어려운 몇몇 발음의 경우 오디오 파일을 반복해서 듣고 따라하며 연습해 보시길 바라요.

단어

coreano/a(s)	꼬레아노	한국의, 한국인 m f
estudiante(s)	에스뚜디안떼	학생 m f
español(es)/española(s)	에스빠뇰/에스빠뇰라	스페인의, 스페인어, 스페인 사람 m f
alto/a(s)	알또	키 큰
activo/a(s)	악띠보	활발한, 활동적인
libro	리브로	책 m
grande(s)	그란데	큰
tímido/a(s)	띠미도	소극적인, 내성적인
muy	무이	매우, 아주
un poco	운 뽀꼬	약간, 조금
súper	쑤뻬르	최고로, 대단히
apasionado/a(s)	아빠씨오나도	열정적인
simpático/a(s)	씸빠띠꼬	호감이 가는, 착한
mucho/a(s)	무초	많은
gusto	구스또	즐거움, 기쁨 m
encantado/a(s)	엔깐따도	매혹된
también	땀비엔	역시, 또한
igualmente	이구알멘떼	똑같이
de	데	~의, ~로부터
dónde	돈데	어디 (의문사)
Colombia	꼴롬비아	콜롬비아 f

03 문장

인칭별 SER 동사 문장 맛보기

Yo soy coreano/a. 저는 한국인이에요.
요 쏘이 꼬레아노/꼬레아나

Tú eres coreano/a. 너는 한국인이구나.
뚜 에레스 꼬레아노/꼬레아나

Él es coreano. / Ella es coreana. 그는/그녀는 한국인이에요.
엘 에스 꼬레아노 에야 에스 꼬레아나

Nosotros somos coreanos. 우리는 한국인이에요.
노쏘뜨로스 쏘모스 꼬레아노스

Vosotros sois coreanos. 너희는 한국인이구나.
보쏘뜨로스 쏘이스 꼬레아노스

Ellos son coreanos. / Ellas son coreanas. 그들/그녀들은 한국인이에요.
에요스 쏜 꼬레아노스 에야스 쏜 꼬레아나스

Yo soy Andrés. 저는 안드레스예요.
요 쏘이 안드레스

Yo soy estudiante. 저는 학생이에요.
요 쏘이 에스뚜디안떼

Yo soy coreano/a. 저는 한국인이에요.
요 쏘이 꼬레아노/꼬레아나

Yo soy español/española. 저는 스페인 사람이에요.
요 쏘이 에스빠뇰/에스빠뇰라

Yo soy alto/a. 저는 키가 커요.
요 쏘이 알또/알따

Yo soy activo/a. 저는 활동적이에요.
요 쏘이 악띠보/악띠바

El libro es grande. (그) 책은 커요.
엘 리브로 에스 그란데

문법

SER 동사

ser 동사는 이름, 직업, 신분, 출신, 외모, 성격, 특징 등 사람이나 사물을 묘사하는 데 사용해요.

현재시제 인칭별 변형

	인칭대명사	SER 동사
1인칭 단수	Yo	soy 쏘이
2인칭 단수	Tú	eres 에레스
3인칭 단수	Él, Ella, Ud.	es 에스
1인칭 복수	Nosotros/as	somos 쏘모스
2인칭 복수	Vosotros/as	sois 쏘이스
3인칭 복수	Ellos, Ellas, Uds	son 쏜

SER + 명사: ~이다

Yo soy coreano/a.
요 쏘이 꼬레아노/꼬레아나
저는 한국인이에요.

Tú eres coreano/a.
뚜 에레스 꼬레아노/꼬레아나
너는 한국인이구나.

Él/Ella es coreano/a.
엘/에야 에스 꼬레아노/꼬레아나
그/그녀는 한국인이에요.

Nosotros/as somos coreanos/as.
노소뜨로스/노소뜨라스 쏘모스 꼬레아노스/꼬레아나스
우리는 한국인이에요.

Vosotros/as sois coreanos/as.
보소뜨로스/보소뜨라스 쏘이스 꼬레아노스/꼬레아나스
너희는 한국인이구나.

Ellos/Ellas son coreanos/as.
에요스/에야스 쏜 꼬레아노스/꼬레아나스
그들은 한국인이에요.

핵심 문법 포인트

스페인어의 기본 문장 구조는
'주어 + 동사'의 형태로 이루어져 있어요.
ser 동사를 사용하는 경우
'주어 + ser + 보어(명사,형용사)'의 형태로
문장을 만들어요.

문법

SER + 형용사 : (형용사)하다

Yo soy activo/a.
요 쏘이 악띠보/악띠바
저는 활발해요.

Tú eres activo/a.
뚜 에레스 악띠보/악띠바
너는 활발하구나.

Él/Ella es activo/a.
엘/에야 에스 악띠보/악띠바
그/그녀는 활발해요.

Nosotros/as somos activos/as.
노쏘뜨로스/노쏘뜨라스 쏘모스 악띠보스/악띠바스
우리는 활발해요.

Vosotros/as sois activos/as.
보소뜨로스/보소뜨라스 쏘이스 악띠보스/악띠바스
너희는 활발하구나.

Ellos/Ellas son activos/as.
에요스/에야스 쏜 악띠보스/악띠바스
그들/그녀들은 활발해요.

핵심 문법 포인트
스페인어에서는 명사뿐 아니라 형용사를 표현할 때도 단수와 복수 남성과 여성형을 구분한다는 점을 잊지 마세요.

Yo soy tímido/a.
요 쏘이 띠미도/띠미다
저는 내성적이에요.

Tú eres tímido/a.
뚜 에레스 띠미도/띠미다
너는 내성적이구나.

Él/Ella es tímido/a.
엘/에야 에스 띠미도/띠미다
그/그녀는 내성적이에요.

Nosotros/as somos tímidos/as.
노쏘뜨로스/노쏘뜨라스 쏘모스 띠미도스/띠미다스
우리는 내성적이에요.

Vosotros/as sois tímidos/as.
보소뜨로스/보소뜨라스 쏘이스 띠미도스/띠미다스
너희는 내성적이구나.

Ellos/Ellas son tímidos/as.
에요스/에야스 쏜 띠미도스/띠미다스
그들/그녀들은 내성적이에요.

 **문법 플러스**

긍정문과 부정문

Yo soy activo/a.   저는 활동적이에요.
요 쏘이 악띠보/악띠바

Yo no soy activo/a.   저는 활동적이지 않아요.
요 노 쏘이 악띠보/악띠바

Tú eres tímido/a.   넌 내성적이구나.
뚜 에레스 띠미도/띠미다

Tú no eres tímido/a.   넌 내성적이지 않구나.
뚜 노 에레스 띠미도/띠미다

 핵심 문법 포인트
부정문을 만들 때는 주어와 동사 사이에 no만 써주면 돼요! 이렇게 간단할 수가!

평서문과 의문문

Tú eres estudiante.   너는 학생이구나.
뚜 에레스 에스뚜디안떼

¿Eres tú estudiante?   너는 학생이니?
에레스 뚜 에스뚜디안떼

Ellos son coreanos.   그들은 한국인이에요.
에요스 쏜 꼬레아노스

¿Son ellos coreanos?   그들은 한국인인가요?
쏜 에요스 꼬레아노스

 핵심 문법 포인트
스페인어에서 주어의 위치는 상당히 자유롭지만, 의문문을 만들 때는 동사와 주어의 위치를 바꿔주는 것이 가장 기본이에요.

형용사의 수식 muy / un poco / súper

Yo soy   +   muy 무이   +   activo/a   =   저는 아주 활동적이에요
요 쏘이   un poco 운 뽀꼬   악띠보/악띠바   저는 약간 활동적이에요
               súper 쑤뻬르   저는 매우 활동적이에요

문법 연습

1 부정문 만들기

Yo ____ soy		저는 학생이 아니에요
Tú ____ eres	estudiante	너는 학생이 아니구나
Él / Ella ____ es		그는/그녀는 학생이 아니에요
Nosotros ____ somos		우리는 학생이 아니에요
Vosotros ____ sois	estudiantes	너희는 학생이 아니구나
Ellos / Ellas ____ son		그들/그녀들은 학생이 아니에요

2 다양한 형용사 활용하기 – 빈칸을 채워 뜻을 완성해 보세요.

❶ 나는 매우 열정적이에요.

Yo soy _____ apasionado/a.

❷ 그녀는 약간 열정적이에요.

Ella _____ _____ apasionada.

❸ 우리는 완전(매우) 열정적이에요.

Nosotros _____ _____ apasionados.

❹ 학생들은 약간 착해요.

Los estudiantes son _____ _____ simpáticos.

❺ Andrés는 아주 착하지는 않아요.

Andrés _____ es _____ simpático.

❻ 그녀는 매우 활발한가요?

¿_____ ella _____ activa?

 **플러스 표현**

MP3 02-03

나는 이미 스페인어를 알고 있었다? – 내 주변에서 접해 본 스페인어들 1탄

1 Los Ángeles [로스 앙헬레스] 천사들
미국의 메트로폴리탄 '로스 앤젤레스'가 사실은 스페인어에서 왔다는 거 알고 있었나요?

2 La cucaracha [라 꾸까라차]
입에 착착 감겨서 어렸을 때 저절로 따라 불러졌던 멕시코의 민요 '라 꾸까라차'. 사실 '바퀴벌레'라는 뜻이랍니다.

3 La Casa de Papel [라 까사 데 빠뻴]
넷플릭스 드라마 '종이의 집' 제목 안에도 우리가 배운 '정관사(la)', 'de(~의)' 등 중요한 단어들이 많이 들어가 있었네요!

4 Buenos Aires [부에노스 아이레스] 좋은 공기들
아르헨티나의 수도 부에노스 아이레스는 정작 도시의 공기 오염 때문에 그렇게 쾌적하지 않다는 게 함정이지요.

챙겨가자 꿀표현 – "고마워요" "천만에요"

우리나라 사람들은 고맙다는 인사에 마땅한 대답을 하지 않는 편이죠. 그냥 '네~'라고 대답하는 게 충분히 친절한 반응으로 받아들여지지만, 스페인어에서는 '고맙다'는 인사에 형식적이지만 반드시 그에 맞는 인사말을 해줘야 한답니다.

Gracias
그라씨아스
고마워요.

Muchas gracias / Mil gracias
무차스 그라씨아스 / 밀 그라씨아스
정말 고마워요.

De nada / No es nada
데 나다 / 노 에스 나다
(아무것도) 아니에요.

¿De qué?
데 께
고맙긴 뭘요.

Gracias a ti / A ti
그라씨아스 아 띠 / 아 띠
제가 고맙죠. / 저도요. (저도 고마워요.)

No hay de qué
노 아이 데 께
고마울 거 하나 없어요.

- 1000개의 감사를 건네는 마음인 거죠.
- 함께 감사함을 표현할 수 있는 아주 예의 바른 표현이에요.

단어

mil [밀] 1,000   nada [나다] 아무것도 아닌 것   qué [께] 무엇(의문사)

09 회화

Andrés: ¡Hola! Mucho gusto.
올라 무초 구스또

Tamara: ¡Encantada!
엔깐따다

Andrés: Yo soy Andrés. ¿Y tú?
요 쏘이 안드레스 이 뚜

Tamara: Yo soy Tamara. Soy estudiante de español.
요 쏘이 따마라 쏘이 에스뚜디안떼 데 에스빠뇰

Andrés: Yo también soy estudiante de español.
요 땀비엔 쏘이 에스뚜디안떼 데 에스빠뇰

Y este es Sangmin.
이 에스떼 에스 상민

Tamara: Hola, Sangmin. Mucho gusto.
올라 상민 무초 구스또

Sangmin: Igualmente. Encantado.
이구알멘떼 엔깐따도

Andrés: Sangmin es muy activo.
상민 에스 무이 악띠보

Tamara: Ah, ¿sí? Yo también. ¿De dónde eres?
아 씨 요 땀비엔 데 돈데 에레스

Sangmin: Soy coreano. ¿Y tú?
쏘이 꼬레아노 이 뚜

Tamara: Soy de Colombia.
쏘이 데 꼴롬비아

회화 해설

Andrés	¡Hola! Mucho gusto. 안녕, 만나서 반가워!	¡Mucho gusto!는 '만나서 반가워'라는 의미로 활용돼요.
Tamara	¡Encantada! 반가워!	Encantado/a(s)는 '만나서 매우 기분이 좋다'는 의미로 처음 만날 때 자주 사용돼요.
Andrés	Yo soy Andrés. ¿Y tú? 나는 안드레스야. 너는?	¿y tú?는 '그리고 너는?' 즉 영어의 'And you?'와 같은 표현이에요.
Tamara	Yo soy Tamara. Soy estudiante de español. 나는 타마라야. 난 스페인어 학생이야.	estudiante de español은 스페인어의 학생, 즉 스페인어를 배우는 학생을 의미해요.
Andrés	Yo también soy estudiante de español. 나도 스페인어 학생이야!	también은 '역시, 또한'의 의미로, 주로 주어 바로 뒤나 문장에 뒤에 배치해요. este/esta/estos/estas는 지시대명사로 사람을 가리킬 때는 해당 인물의 성과 수에 일치시켜야 해요. este 이 (남자) 사람 esta 이 (여자) 사람
	Y este es Sangmin. 그리고, 이쪽은 상민이야.	
Tamara	Hola, Sangmin. Mucho gusto. 안녕 상민. 반가워.	
Sangmin	Igualmente. Encantado. 나도 그래. 반가워.	'여성형 형용사 + mente'는 형용사를 부사로 만들어 주는 어미예요. igual 똑같이 … igualmente 똑같이, 마찬가지로
Andrés	Sangmin es muy activo. 상민이는 아주 활동적이야.	
Tamara	Ah, ¿sí? Yo también. ¿De dónde eres? 아, 그래? 나도 그래. 넌 어느 나라 사람이야?	¿De dónde eres? : 너는 어느 나라 사람이니?
Sangmin	Soy coreano. ¿Y tú? 나는 한국 사람이야. 너는?	출신의 표현 방법 2가지를 모두 익혀 보아요. ❶ Yo soy de Corea 저는 한국 출신이에요. ❷ Yo soy coreano/a 저는 한국인이에요.
Tamara	Soy de Colombia. 나는 콜롬비아 출신이야.	

패턴 플러스

1 A estudiante/s. 인칭변형 패턴 연습

Yo soy 요 쏘이
Tú eres 뚜 에레스
Él / Ella es 엘/에야 에스
Nosotros/as somos 노소뜨로스/노소뜨라스 쏘모스
Vosotros/as sois 보소뜨로스/보소뜨라스 쏘이스
Ellos / Ellas son 에요스/에야스 손

estudiante 에스뚜디안떼
estudiantes 에스뚜디안떼스

저는 학생이에요.
너는 학생이구나.
그는/그녀는 학생이에요.
우리는 학생이에요.
너희는 학생이구나.
그들/그녀들은 학생이에요.

2 Yo soy   A .   다양한 직업과 신분 묘사하기

Yo soy 요 쏘이

estudiante 에스뚜디안떼	저는 학생이에요.
profesor/profesora 쁘로f페소르/쁘로f페소라	저는 선생님이에요.
oficinista 오f피시니스따	저는 회사원(사무원)이에요.
abogado/a 아보가도/아보가다	저는 변호사예요.
músico/a 무씨꼬/무씨까	저는 뮤지션이에요.

3 Yo soy   A .   다양한 국적 묘사하기

Yo soy 요 쏘이

coreano/a 꼬레아노/꼬레아나	저는 한국인이에요.
español/española 에스빠뇰/에스빠뇰라	저는 스페인 사람이에요.
mexicano/a 메히까노/메히까나	저는 멕시코 사람이에요.
colombiano/a 꼴롬비아노/꼴롬비아나	저는 콜롬비아 사람이에요.
chino/a 치노/치나	저는 중국 사람이에요.

단어

(el/la) profesor(es)/profesora(s) [쁘로f페소르/쁘로f페소라] 선생님, 교수님   (el/la) oficinista [오f피씨니스따] 사무원, 회사원   (el/la) abogado/a [아보가도] 변호사   (el/la) músico/a [무씨꼬] 음악가, 뮤지션   mexicano/a(s) [메히까노/메히까나] 멕시코 사람   chino/a [치노/치나] 중국 사람

연습문제 - 말하기

1 오늘의 핵심 문장 듣고 따라 읽기

① Yo soy coreano/a.   저는 한국인이에요.

② Yo soy Tamara.   저는 타마라예요.

③ Yo soy estudiante.   저는 학생이에요.

④ Yo soy alto/a.   저는 키가 커요.

⑤ Yo soy tímido/a.   저는 내성적이에요.

2 핵심 문법 문장 따라 읽기

① Yo soy muy activo/a.   저는 아주 활동적이에요.

② Yo soy un poco romántico/a.   저는 약간 로맨틱해요.

③ Yo no soy mexicano/a.   저는 멕시코 사람이 아니에요.

④ ¿Eres tú médico?   너는 의사니?

3 핵심 관용표현 따라 읽기

① ¡Mucho gusto!   만나서 반가워요.

② ¡Encantado/a!   만나서 반가워요.

③ Igualmente.   똑같이. 마찬가지로.

④ ¿De dónde eres?   (너는) 어느 나라 사람이니?

⑤ Soy de Corea.   (나는) 한국 출신이야.

 단어

romántico/a(s) [로만띠꼬] 로맨틱한, 낭만적인   **(el/la) médico/a** [메디꼬] 의사

연습문제 – 듣기

1 단어, 관용표현 듣고 받아쓰기

　❶ _____
　❷ _____
　❸ _____
　❹ _____
　❺ _____

2 잘 듣고 빈칸에 알맞은 단어를 써 넣으세요.

　❶ Yo soy _____ .
　❷ ¿ _____ tú chino?
　❸ Yo _____ muy _____ .
　❹ _____ es un _____ baja.
　❺ Yo _____ soy muy _____ .
　❻ Nosotros _____ coreanos.
　❼ _____ sois estudiantes.
	❽ Ellos _____ mexicanos.

단어

bajo/a(s) [바호] 키 작은, 낮은

14 연습문제 – 쓰기

1 따라 쓰고 읽어 보기

❶ Yo soy coreano/coreana.

❷ Yo soy oficinista.

❸ Ella es muy activa.

❹ Andrés es un poco sociable.

❺ Uds. son muy inteligentes.

TIP 다시 한번 체크해 봐요!
- 형용사, 명사를 사용할 때 주어와의 성수일치는 잘 이루어졌나요?
- 평서문, 의문문, 부정문의 어순은 잘 지켜졌나요?
- 물음표 (¿?), 느낌표 (¡!), 띨데 (á,é,í,ó,ú)를 빼먹지 않았나요?

2 문장 작문하기

❶ 너는 어느 나라 출신이니?

❷ 저는 한국인이에요.

❸ 그들은 스페인어 학생이에요.

❹ 너희들은 학생이니?

❺ 저는 멕시코 사람이 아니에요.

❻ 그 집은 아주 커요.

단어

sociable [쏘씨아블레] **사교적인**   inteligente [인뗄리헨떼] **지적인, 똑똑한**

 # 문화

Camino de Santiago
[까미노 데 싼띠아고]

산티아고 순례길

스페인 여행자들의 버킷리스트 1위! 다름 아닌, 800여 킬로미터에 이르는 순례자의 길 'Camino de Santiago'를 아시나요? 보통 프랑스에서 출발하여 스페인 서부의 작은 도시인 'Santiago de Compostela'라는 곳까지 매일 20여 킬로미터를 걷는 이 여행 코스는 전 세계에서 연간 30만 명 이상의 순례자들이 찾아온다고 하는데요.

신약성서에 등장하는 야고보의 유해가 이 곳에서 발견되었다고 알려지게 되면서부터 이곳은 성지가 되었다고 해요. 야고보 성인이 죽은 뒤 그의 시신을 싣고 오던 배가 난파를 당했는데, 그 시신이 조개더미에 덮인 채로 온전히 남아 있었다는 전설이 있었다네요.

그래서 산티아고 순례길을 걷다 보면 노란색 화살표와 함께 Santiago de Compostela까지 남은 거리가 쓰여진 표식들을 쉽게 볼 수 있어요. 그리고 이 길에서 만나는 사람들은 서로 'Buen camino(좋은 순례길 되길)'라고 인사를 나누곤 한답니다.

모 방송에서 순례길 위의 스페인 하숙(albergue) 풍경이 소개되며 우리나라에서도 더욱 친숙해진 산티아고 순례자 길! 한번 도전해 보길 바라요!

단어

- ▶ Buen camino [부엔 까미노] 좋은 순례길(되길 바라요).
- ▶ Buen viaje [부엔 비아헤] 좋은 여행(되길 바라요).
- ▶ Buen día [부엔 디아] 좋은 하루 (보내세요).
- ▶ Buen fin de semana [부엔 f핀 데 쎄마나] 좋은 주말 (보내세요).

나 피곤해.
Yo estoy cansado/a.

상태의 'ESTAR 동사'

지난 과에서 본질적인 묘사를 담당하는 SER 동사를 배워 봤어요. 오늘은 주어의 상태와 위치를 표현하는 방법을 알아볼 거예요.

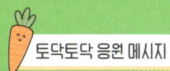

¡Ánimo!(아니모) "화이팅!"
스페인어로 처음으로 문장을 만들어 보니 설레기도 하고 조금 떨리기도 하네요! 오늘은 이렇게 나의 상태를 표현하는 기본적이고 간단한 방법을 알아볼 거예요. 모두 이번 시간도 화이팅 해 보아요.

2과 복습

1 다음 빈칸에 알맞은 인칭 대명사를 적어 보세요.

① 나 (yo)
② 너 ( )
③ 그 ( )
④ 그녀 ( )
⑤ 우리들 (nosotros/nosotras)
⑥ 너희들 ( )
⑦ 그들 (ellos)
⑧ 그녀들 ( )

2 ser 동사의 알맞은 변형을 적어 보세요.

① Yo _____ coreano.
② Nosotros _____ coreanos.
③ Andrés _____ coreano.
④ Ustedes _____ coreanos.

3 다음 문장을 완성해 보세요.

① 상민이는 아주 활동적이야. Sangmin es _____ activo.
② 너는 어느 나라 출신이야? ¿De _____ eres?
③ 나는 키가 크지 않아. Yo _____ soy _____ .
④ 그녀들은 약간 열정적이에요. Ellas _____ un _____ apasionadas.

4 알맞은 단어나 관용표현을 연결시키고, 다섯 번씩 읽어 보세요.

똑같이, 마찬가지로   •   • ¡Encantado/a!

만나서 반가워요.   •   • ¿De qué?

고마워요.   •   • Igualmente.

(고맙긴) 뭘요.   •   • ¡Gracias!

 **단어**

enfermo/a(s)	엔f페르모	아픈
cansado/a(s)	깐사도	피곤한
bien	비엔	잘, 옳게, 맞게
mal	말	잘 못~, 나쁘게, 서툴게
en	엔	~에, ~안에
feliz(felices)	f펠리스	행복한
ocupado/a(s)	오꾸빠도	바쁜, 사용 중인
cerca	쎄르까	가까이에
oficina	오f피씨나	사무실 f
listo/a(s)	리스또	똑똑한, 기민한, 준비된
baño	바뇨	화장실, 욕실 m
esto	에스또	이, 이것 (중성형)
clase	끌라세	수업, 교실 f
aquí	아끼	여기, 이곳
más	마스	더, 더 많은, 더 많이
o	오	혹은, 또는
menos	메노스	덜, 더 적은, 더 적게
pobre	뽀브레	가난한, 가엾은
pobrecito/a	뽀브레씨또	가여운 것 (사람) m f
ahora	아오라	지금
su(s)	쑤	그/그녀/그들/그녀들의 (소유격)

 **문장**

1 저는 아파요.

Yo estoy enfermo/a.

2 너는 아프구나.

Tú estás enfermo/a.

3 그는 아파요.

Él está enfermo.

4 그녀는 아파요.

Ella está enferma.

5 우리는 아파요.

Nosotros estamos enfermos.

6 너희는 아프구나.

Vosotros estáis enfermos.

7 그들은 아파요.

Ellos están enfermos.

8 그녀들은 아파요.

Ellas están enfermas.

문법

ESTAR 동사
estar 동사는 상태와 안부, 위치 등 가변적인 특징을 묘사하는 데 사용돼요.

현재시제 인칭별 변형

	인칭대명사	ESTAR 동사
1인칭 단수	Yo	estoy 에스또이
2인칭 단수	Tú	estás 에스따스
3인칭 단수	Él, Ella, Ud.	está 에스따
1인칭 복수	Nosotros/as	estamos 에스따모스
2인칭 복수	Vosotros/as	estáis 에스따이스
3인칭 복수	Ellos, Ellas, Uds.	están 에스딴

ESTAR + 형용사/부사: (형용사)하다 (상태이다)

Yo estoy cansado/a.
요 에스또이 깐싸도/깐싸다
저는 피곤해요.

Tú estás cansado/a.
뚜 에스따스 깐싸도/깐싸다
너는 피곤하구나.

Él/Ella está cansado/a.
엘/에야 에스따 깐싸도/깐싸다
그/그녀는 피곤해요.

Nosotros/as estamos cansados/as.
노쏘뜨로스/노쏘뜨라스 에스따모스 깐싸도스/깐싸다스
우리는 피곤해요.

Vosotros/as estáis cansados/as.
보소뜨로스/보소뜨라스 에스따이스 깐싸도스/깐싸다스
너희는 피곤하구나.

Ellos/Ellas están cansados/as.
에요스/에야스 에스딴 깐싸도스/깐싸다스
그들은/그녀들은 피곤해요.

문법

ESTAR + 위치 표현: ~에 있다

Yo estoy en casa.
요 에스또이 엔 까사
저는 집에 있어요.

Tú estás en casa.
뚜 에스따스 엔 까사
너는 집에 있구나.

Él/Ella está en casa.
엘/에야 에스따 엔 까사
그/그녀는 집에 있어요.

Nosotros/as estamos en casa.
노쏘뜨로스/노쏘뜨라스 에스따모스 엔 까사
우리는 집에 있어요.

Vosotros/as estáis en casa.
보소뜨로스/보소뜨라스 에스따이스 엔 까사
너희는 집에 있구나.

Ellos/Ellas están en casa.
에요스/에야스 에스딴 엔 까사
그들/그녀들은 집에 있어요.

Point 핵심 문법 포인트

장소를 나타내는 표현은 다양하지만 가장 기본적으로 '~에'라고 표현할 때는 전치사 en을 써주고 뒤에 장소를 나타내는 명사를 써주면 됩니다.
en casa 집에   en Corea 한국에

06 문법 플러스

ESTAR + 형용사/부사

안부

¿Cómo estás (tú)? 너는 어떻게 지내니?
꼬모 에스따스 뚜

Yo estoy bien. 나는 잘 지내.
요 에스또이 비엔

Yo estoy mal. 나는 잘 못 지내.
요 에스또이 말

상태, 기분

Yo estoy cansado/a. 저는 피곤해요.
요 에스또이 깐싸도/다

Yo estoy feliz. 저는 행복해요.
요 에스또이 f펠리스

Yo estoy ocupado/a. 저는 바빠요.
요 에스또이 오꾸빠도/다

ESTAR + 위치 표현

~에 있다

¿Dónde estás (tú)? 너는 어디에 있어?
돈데 에스따스 뚜

Yo estoy en casa. 저는 집에 있어요.
요 에스또이 엔 까사

Yo estoy en Corea. 저는 한국에 있어요.
요 에스또이 엔 꼬레아

Yo estoy cerca. 저 가까이에 있어요.
요 에스또이 쎄르까

Yo estoy en la oficina. 저는 사무실에 있어요.
요 에스또이 엔 라 오f피씨나

 핵심 문법 포인트

특정한 장소를 지칭할 때는 정관사와 함께 표현해 주는 것이 일반적이지만 '집'을 나타내는 단어 casa는 특정한 집을 가리키는 경우가 아닌 일반적인 경우라면 관사 없이 en casa라고 표현합니다. 또한, 지명이나 나라 이름 등은 고유명사로 관사 없이 쓰는 것이 보통이에요.

07 문법 플러스

SER 동사와 ESTAR 동사의 차이

Tamara es lista.   따마라는 똑똑해요.
따마라 에스 리스따

Tamara está lista.   따마라는 준비됐어요.
따마라 에스따 리스따

¿Cómo es Andrés?   안드레스는 어때? (어떤 사람이야?)
꼬모 에스 안드레스

¿Cómo está Andrés?   안드레스는 어때? (어떻게 지내?)
꼬모 에스따 안드레스

Yo soy de Corea.   저는 한국 출신이에요.
요 쏘이 데 꼬레아

Yo estoy en Corea.   저는 한국에 있어요.
요 에스또이 엔 꼬레아

 핵심 문법 포인트
같은 형용사를 쓰더라도 본질적인 묘사를 하는 ser 동사와 가변적 묘사를 하는 estar 동사의 특징에 따라 해석이 달라질 수 있어요.

의문사를 활용한 의문문

누구(누가)	언제	어디(에서)	무엇	어떻게	왜
quién	cuándo	dónde	qué	cómo	por qué

¿Quién está en casa?   누가 집에 있나요?
끼엔 에스따 엔 까사

¿Dónde está el baño?   화장실이 어디에 있나요?
돈데 에스따 엘 바뇨

¿Qué es esto?   이것은 무엇인가요?
께 에스 에스또

¿Cuándo es la clase?   수업이 언제인가요?
꾸안도 에스 라 끌라세

¿Cómo estás?   너는 어떻게 지내?
꼬모 에스따스

¿Por qué estás aquí?   너는 왜 여기에 있어?
뽀르 께 에스따스 아끼

 핵심 문법 포인트
누가, 언제, 어디서, 무엇을, 어떻게, 왜 등의 정보에 대해 질문을 할 때는 의문사를 활용해야 해요. 의문사가 들어간 질문에서는 의문사를 가장 먼저 써준답니다!

플러스 표현

나는 이미 스페인어를 알고 있었다? – 내 주변에서 접해본 스페인어들 2탄

1. Bésame mucho [베싸메 무초]   많이 키스해줘요
멕시코의 전설적인 가요 '베사메 무초' 안에도 우리가 이미 배운 '많이'라는 단어 mucho가 쓰이고 있네요!

2. Primera liga [쁘리메라 리가]   1부 리그
듣기엔 참 멋지게 들렸던 스페인 프로축구 리그의 이름 '프리메라 리가'. 사실은 '첫 번째의 리그(1부 리그)'라는 단순한 이름이었네요.

3. Casa mía [까싸 미아]   나의 집
이름이 이국적이어서 잘 기억되던 가구점 이름. '나의 집'이라는 뜻의 스페인어로 지은 이름이네요.

4. Parasol [빠라솔]   파라솔
'멈추다'라는 뜻의 para와 '태양'이라는 뜻의 sol을 합쳐서 만든 단어. 태양을 멈춰주는 파라솔도 알고 보니 스페인어!

챙겨가자 꿀표현 – "미안해요" "괜찮아요"

미안한 마음을 표현할 때, 그리고 그 사과를 받아줄 때 쓰는 간단한 표현들을 배워 보아요.

미안해요

- **Perdón**
  뻬르돈
  미안해요.

  Lo siento / Lo siento mucho
  로 씨엔또 / 로 씨엔또 무초
  죄송합니다. / 정말 죄송합니다.

괜찮아요

- **Está bien**
  에스따 비엔
  괜찮아요.

  No pasa nada
  노 빠사 나다
  괜찮아요.

  No te preocupes
  노 떼 쁘레오꾸뻬스
  걱정하지 말아요.

- perdón : 원래는 '용서'라는 뜻의 명사예요.
- '상대방이 미안해 하는 그 상황'이 괜찮다는 얘기라서 3인칭 단수 변형을 취했어요.

 ## 회화

Andrés ¡Buenos días, Tamara!
부에노스 디아스 따마라

Tamara ¡Hola, Andrés! ¿Cómo estás?
올라 안드레스 꼬모 에스따스

Andrés Estoy muy bien, ¿y tú, qué tal?
에스또이 무이 비엔 이 뚜 께 딸

Tamara Más o menos. Estoy un poco cansada.
마스 오 메노스 에스또이 운 뽀꼬 깐싸다

Andrés Ay, pobrecita. ¿Estás muy cansada?
아이 뽀브레씨따 에스따스 무이 깐싸다

Tamara No estoy muy cansada. Gracias.
노 에스또이 무이 깐싸다 그라시아스

¿Dónde está Sangmin?
돈데 에스따 상민

Andrés Sangmin está en casa ahora.
상민 에스따 엔 까사 아오라

Tamara ¿Dónde está su casa?
돈데 에스따 수 까사

Andrés Su casa está cerca.
수 까사 에스따 쎄르까

Tamara ¿Está bien Sangmin?
에스따 비엔 상민

Andrés Está muy bien estos días.
에스따 무이 비엔 에스또스 디아스

회화 해설

Andrés	¡Buenos días, Tamara! 좋은 아침, 따마라!	남성명사 (el) día에 맞게 형용사인 buenos를 성 수일치 시켜주는 것 잊지 마세요.
Tamara	¡Hola, Andrés! ¿Cómo estás? 안녕, 안드레스. 어떻게 지내?	동사변형 estás를 보고 주어 tú를 알 수 있기 때문에 주어 tú를 생략할 수 있어요.
Andrés	Estoy muy bien, ¿y tú, qué tal? 난 아주 잘 지내. 너는? 어떻게 지내?	
Tamara	Más o menos. Estoy un poco cansada. 그저 그래. 약간 피곤해.	más o menos는 '그저 그런', '그럭 저럭'이라는 뜻으로 상태를 나타내며 estoy가 생략되었어요.
Andrés	Ay, pobrecita. ¿Estás muy cansada? 아휴, 안쓰러워라! 많이 피곤하니?	단어 + cito/a는 앞에 나온 단어를 작고 귀엽게 표현해주는 방법으로 pobrecito/a는 상대방에게 안타까움을 표현할 때 많이 쓰는 표현이에요.
Tamara	No estoy muy cansada. Gracias. 많이 피곤하진 않아. 고마워. ¿Dónde está Sangmin? 상민이는 어디 있어?	Gracias : 문화적으로 걱정해준 것에 대한 고마움을 표현하는 것이 일반적이랍니다.
Andrés	Sangmin está en casa ahora. 상민이는 지금 집에 있어.	보통 부사의 표현은 장소(en casa) 다음 시간(ahora) 순으로 배치하는 것이 좋아요.
Tamara	¿Dónde está su casa? 걔네 집은 어디에 있어?	¿Dónde está...? : 3인칭 대상(사람이나 사물)의 위치를 물을 때 활용해요.
Andrés	Su casa está cerca. 걔네 집은 (여기서) 가까이에 있어.	
Tamara	¿Está bien Sangmin? 상민이는 잘 지내?	
Andrés	Está muy bien estos días. (걔는) 요즘 아주 잘 지내지.	estos días는 '이 날들'이라는 뜻인데 '요즘'이라는 표현으로 사용할 수 있어요.

패턴 플러스

MP3 03-05

1 A enfermo/a. 인칭변형 패턴 연습

Yo estoy 요 에스또이		저는 아파요.
Tú estás 뚜 에스따스	enfermo/a	너는 아프구나.
Él/Ella está 엘/에야 에스따	엔f페르모/마	그는/그녀는 아파요.
Nosotros/as estamos 노소뜨로스/라스 에스따모스		우리는 아파요.
Vosotros/as estáis 보소뜨로스/라스 에스따이스	enfermos/as	너희는 아프구나.
Ellos/Ellas están 에요스/에야스 에스딴	엔f페르모스/마스	그들/그녀들은 아파요.

2 Yo estoy A . 다양한 상태와 기분 묘사하기

Yo estoy 요 에스또이
- feliz f펠리스 — 저는 행복해요.
- contento/a 꼰뗀또/따 — 저는 기뻐요.
- ocupado/a 오꾸빠도/다 — 저는 바빠요.
- triste 뜨리스떼 — 저는 슬퍼요.
- enfadado/a 엔f파다도/다 — 저는 화가 나요.

3 Yo estoy A cansado/a. 형용사의 수식

Yo estoy 요 에스또이
- muy 무이 — 저는 아주 피곤해요.
- un poco 운 뽀꼬 — 저는 약간 피곤해요.
- súper 쑤뻬르 — 저는 매우 피곤해요.

cansado/a 깐싸도/다

단어

contento/a(s) [꼰뗀또/따] 기쁜, 즐거운   triste(s) [뜨리스떼] 슬픈   enfadado/a(s) [엔f파다도/다] 화가 난

연습문제 - 말하기

1 오늘의 핵심 문장 듣고 따라 읽기

① Yo estoy bien. 저는 잘 지내요.

② Yo estoy cansado/a. 저는 피곤해요.

③ Yo estoy feliz. 저는 행복해요.

④ Yo estoy en casa. 저는 집에 있어요.

2 핵심 문법 문장 따라 읽기

① Yo estoy un poco triste. 저는 약간 슬퍼요.

② Yo soy listo/a. 저는 똑똑해요.

③ Yo estoy listo/a. 저는 준비됐어요.

④ ¿Dónde estás? 너는 어디에 있어?

⑤ ¿Cómo estás? (너) 어떻게 지내?

3 핵심 관용표현 따라 읽기

① ¡Pobrecito/a! 안됐다, 안쓰러워라!

② estos días 요즘

③ Muy mal. 아주 못 (지내요), 아주 못 (해요).

④ Más o menos. 그저 그렇게, 그럭 저럭

13 연습문제 – 듣기

1 단어, 관용표현 듣고 받아쓰기

① _____
② _____
③ _____
④ _____
⑤ _____

2 잘 듣고 빈칸에 알맞은 단어를 써 넣으세요.

① Yo _____ cansado.
② ¿_____ está Andrés?
③ Nosotros _____ muy _____.
④ ¿Sangmin está _____ su casa _____?
⑤ Ellos _____ en Corea.
⑥ ¿_____ está el _____?
⑦ ¿_____ es usted?
⑧ ¿_____ estás _____?

연습문제 - 쓰기

1. 따라 쓰고 읽어 보기

1. Yo estoy cansado/a.

2. Yo estoy en la oficina.

3. Ella está súper ocupada.

4. ¿Dónde está Tamara?

5. Mi casa está cerca de aquí.

> **TIP 다시 한번 체크해 봐요!**
> - 의문사가 있는 의문문에서 의문사를 가장 앞에 써주었나요?
> - ser 동사와 estar 동사를 헷갈리지는 않았나요?
> - '(장소)에'라는 뜻을 가진 전치사를 잊지 않고 써주었나요?

2. 문장 작문하기

1. 저는 조금 슬퍼요.

2. 저는 아주 행복해요.

3. Andrés는 아주 차분해요. (기분, 상태)

4. 너희들은 지금 어디에 있어?

5. 그녀들은 교실에 있어요.

6. 왜 너는 한국에 있어?

단어

mi(s) [미] 나의 (소유격)　**cerca de aquí** [쎄르까 데 아끼] 이 근처에　**tranquilo/a(s)** [뜨랑낄로/라] 차분한, 고요한

Día de muertos
[디아 데 무에르또스]

망자의 날

오늘의 문화 이야기는 멕시코 사람들의 할로윈 데이 '망자의 날' Día de muertos예요.

우리 나라의 추석이나 미국의 추수감사절과 기간이 맞물리는 시기인 11월 초가 되면 멕시코에서는 돌아가신 조상님들을 기리는 의식을 행하게 되는데요. 그러면 그들에게 풍작을 가져다 주고 여러 가지 재해나 화를 피하게 해준다고 믿기 때문이에요.

그렇기 때문에 실제로 우리 나라에서 차례를 지내는 것처럼 집에 제단을 차려 음식을 올려 놓으며, 금잔화와 해골 모양의 장식, 촛불 등으로 제단과 조상들의 묘지를 꾸며 그들의 혼을 기리게 되죠.

또한 돌아가신 조상들이 이들을 찾아왔을 때, 그들과 같은 모습을 하고 있어야 한다고 생각하여 얼굴에 해골 분장을 하고 마을에서 열리는 불꽃놀이 축제와 파티를 즐기기도 해서 미국의 할로윈과 많이 비교되기도 한답니다.

2017년 개봉했던 디즈니와 픽사의 애니메이션 '코코'를 보면 멕시코의 '망자의 날'의 모습이 아름다운 색채와 음악으로 아주 자세히 묘사돼 있죠. 영화에서 보여줬던 것처럼 멕시코에서는 가족의 사랑과 유대를 아주 중요하게 여긴답니다.

우리나라에서도 할로윈 데이를 즐기는 문화가 늘어나고 있는데요, 다가오는 할로윈 데이 땐 'Día de Muertos' 컨셉으로 인싸력을 뽐내 보길 바라요!

단어

- muerto/a [무에르또/따] 죽은 사람
- (la) vida [비다] 삶, 인생
- (la) muerte [무에르떼] 죽음

4

침대 위에 고양이가 있어요.
Hay un gato sobre la cama.

위치를 표현하는 동사들

지난 시간에 배운 estar 동사 말고도 '어느 장소에 무엇이 있다'라는 표현을 할 수 있는 동사가 하나 더 있어요. 오늘은 여러가지 위치 표현을 배워 보아요.

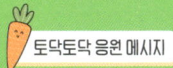

토닥토닥 응원 메시지

Todo está bien.(또도 에스따 비엔) "다 괜찮아."
스페인어에서 가장 기본이 되는 동사들을 만나 보고 연습해 봤어요. 여러분 모두 아주 잘 하고 있습니다. 모두 다 아주 좋아요!

3과 복습

1 다음 인칭 대명사에 맞는 estar 동사 변형을 적어 보세요.

① yo (estoy)   ④ nosotros (estamos)

② tú ( )   ⑤ vosotros ( )

③ ella ( )   ⑥ ellos ( )

2 ser 동사와 estar 동사 중 알맞은 동사를 골라 적어 보세요.

① Yo _____ coreano.

② Andrés _____ ocupado.

③ Nosotros _____ estudiantes.

④ Ellos _____ en casa.

3 다음 문장을 완성해 보세요.

① (너) 어떻게 지내?   ¿Cómo _____ ?

② 그의 집은 어디에 있어요?   ¿_____ está su casa?

③ 저는 아주 기뻐요.   Yo _____ muy _____ .

④ 그녀는 사무실에 있어요.   Ella _____ en la _____ .

4 알맞은 단어나 관용표현을 연결시키고, 다섯 번씩 읽어 보세요.

아주 나쁘게 (지내다). • • ¡Perdón!

안쓰러워라! • • Está bien.

괜찮아요. • • ¡Pobrecito!

미안해요. • • Muy mal.

단어

MP3 04-01

sobre	소브레	~위에, ~에 대해
mesa	메싸	책상, 테이블 f
tres	뜨레스	숫자 3
restaurante	r레스따우란떼	음식점 m
gato	가또	고양이 m
puerta	뿌에르따	문 f
dos	도스	숫자 2
cama	까마	침대 f
banco	방꼬	은행, 벤치 m
silla	씨야	의자 f
habitación	아비따씨온	방 f
delante	델란떼	앞에
debajo	데바호	아래에
lado	라도	면, 측면 m
dentro	덴뜨로	안에
fuera	f푸에라	밖에
árbol	아르볼	나무 m
tu(s)	뚜	너의 (소유격)
chico/a	치꼬	소년, 소녀 m f
persona	뻬르소나	사람 f
nuevo/a	누에보	새로운
cafetería	까f페떼리아	커피숍, 식당 f
plaza	쁠라싸	광장 f
calle	까예	거리, 길 f
edificio	에디f피씨오	건물 m
centro	쎈뜨로	중앙, 도심 m
verdad	베르닫	진실, 사실 f
café	까f페	커피, 커피숍 m
pero	뻬로	하지만
lejos	레호스	멀리에
pena	뻬나	고통, 괴로움, 벌 f

문장

 04-02

HAY 동사를 활용하여 위치 표현하기

Hay un libro. 책 한 권이 있어요.
아이 운 리브로

Hay un libro sobre la mesa. 책 한 권이 책상 위에 있어요.
아이 운 리브로 쏘브레 라 메싸

Hay tres libros sobre la mesa. 책 세 권이 책상 위에 있어요.
아이 뜨레스 리브로스 쏘브레 라 메싸

No hay libros. 책이 없어요.
노 아이 리브로스

위치를 나타내는 문장들

Hay un baño en el restaurante. 음식점 안에 화장실이 하나 있어요.
아이 운 바뇨 엔 엘 ㄹ레스따우란떼

El baño está en el restaurante. (그) 화장실은 음식점 안에 있어요.
엘 바뇨 에스따 엔 엘 ㄹ레스따우란떼

Hay un gato delante de la puerta. 문 앞에 고양이 한 마리가 있어요.
아이 운 가또 델란떼 델 라 뿌에르따

El gato está delante de la puerta. (그) 고양이가 문 앞에 있어요.
엘 가또 에스따 델란떼 델 라 뿌에르따

Hay un gato dentro de la casa. 집 안에 고양이 한 마리가 있어요.
아이 운 가또 덴뜨로 델 라 까싸

Hay un gato fuera de la casa. 집 밖에 고양이 한 마리가 있어요.
아이 운 가또 ㆄ푸에라 델 라 까싸

 # 문법

HABER 동사

haber 동사는 불특정한 명사의 존재유무, 수량, 위치를 표현할 때 사용하는 동사로, '~가 있다'라고 해석될 수 있어요. 불특정 대상을 표현하기 때문에 인칭변화 없이 hay라는 한 가지 형태로 씁니다.

문장의 형태

Hay + (명사) + 위치

불특정한 명사를 나타내기 때문에 셀 수 있는 명사인 경우 부정관사와 함께 표현

Hay un gato.
아이 운 가또
고양이 한 마리가 있어요.

Hay un gato sobre la cama.
아이 운 가또 소브레 라 까마
고양이 한 마리가 침대 위에 있어요.

Hay unos gatos.
아이 우노스 가또스
고양이 몇 마리가 있어요.

No hay gato.
노 아이 가또
고양이가 없어요.

Hay dos gatos.
아이 도스 가또스
고양이 두 마리가 있어요.

 수량을 나타낼 때는 관사를 쓰지 않고 숫자만 명사 앞에 써줍니다.

hay vs estar : '~가 있다'

동사	hay	estar
대상의 특징	불특정 대상	(주로) 특정 대상
대상의 위치	hay 동사 뒤	주어 자리
예시	Hay un libro sobre la mesa. 아이 운 리브로 쏘브레 라 메싸 책 한 권이 책상 위에 있어요. Hay un banco cerca de aquí. 아이 운 방꼬 쎄르까 데 아끼 이 근처에 은행이 하나 있어요. ¿Qué hay en la clase? 께 아이 엔 라 끌라세 교실에 뭐가 있나요?	El libro está sobre la mesa. 엘 리브로 에스따 쏘브레 라 메싸 (그) 책은 책상 위에 있어요. El banco está cerca de aquí. 엘 방꼬 에스따 쎄르까 데 아끼 (그) 은행은 이 근처에 있어요. Las sillas están en la clase. 라스 씨야스 에스딴 엔 라 끌라세 (그) 의자들은 교실에 있어요.

 핵심 문법 포인트

'불특정 대상'이란 주로 청자(듣는 사람)가 모르는 대상을 말하며, '이런 ~가 있다'라고 정보를 처음으로 전달할 때 사용해요. '특정 대상'이란 화자가 모두 인지하고 있는 대상을 말하며, 따라서 '그 (대상)'라고 자연스럽게 해석될 수 있어요.

문법

다양한 위치 표현으로 문장 만들기

Hay un gato en la habitación.　방 안에 고양이 한 마리가 있어요.
아이 운 가또 엔 라 아비따씨온

Hay un gato sobre la cama.　침대 위에 고양이 한 마리가 있어요.
아이 운 가또 쏘브레 라 까마

Hay un gato delante de la puerta.　문 앞에 고양이 한 마리가 있어요.
아이 운 가또 델란떼 델 라 뿌에르타

Hay un gato debajo de la silla.　의자 아래에 고양이 한 마리가 있어요.
아이 운 가또 데바호 델 라 씨야

Hay un gato al lado de la cama.　침대 옆에 고양이 한 마리가 있어요.
아이 운 가또 알 라도 델 라 까마

Hay un gato dentro de la casa.　집 안에 고양이 한 마리가 있어요.
아이 운 가또 덴뜨로 델 라 까싸

Hay un gato fuera de la casa.　집 밖에 고양이 한 마리가 있어요.
아이 운 가또 f푸에라 델 라 까싸

Hay un gato cerca del árbol.　나무 근처에 고양이 한 마리가 있어요.
아이 운 가또 쎄르까 델 아르볼

 핵심 문법 포인트

연음되는 발음으로 인해 두 단어가 하나로 합쳐지는 현상이 다음과 같이 발생돼요. 발음할 때 뿐 아니라 쓸 때도 한 단어로 합쳐줘야 한답니다.

al : a + el (남성정관사)　　　del : de + el (남성정관사)

스페인어 숫자 (Números)

1	uno 우노	11	once 온쎄	21	veintiuno 베인띠우노	31	treinta y uno 뜨레인따 이 우노	
2	dos 도스	12	doce 도쎄	22	veintidós 베인띠도스		. . .	
3	tres 뜨레스	13	trece 뜨레쎄	23	veintitrés 베인띠뜨레스			
4	cuatro 꽈뜨로	14	catorce 까또르쎄	24	veinticuatro 베인띠꽈뜨로	40	cuarenta 꽈렌따	
5	cinco 씽꼬	15	quince 낀쎄	25	veinticinco 베인띠씽꼬	50	cincuenta 씽꾸엔따	
6	seis 쎄이스	16	dieciséis 디에씨쎄이스	26	veintiséis 베인띠쎄이스	60	sesenta 쎄쎈따	
7	siete 씨에떼	17	diecisiete 디에씨씨에떼	27	veintisiete 베인띠씨에떼	70	setenta 쎄뗀따	
8	ocho 오초	18	dieciocho 디에씨오초	28	veintiocho 베인띠오초	80	ochenta 오첸따	
9	nueve 누에베	19	diecinueve 디에씨누에베	29	veintinueve 베인띠누에베	90	noventa 노벤따	
10	diez 디에스	20	veinte 베인떼	30	treinta 뜨레인따	100	cien/ciento 씨엔/씨엔또	
200	doscientos 도스씨엔또스	500	quinientos 끼니엔또스	800	ochocientos 오초씨엔또스	1,000,000		
300	trescientos 뜨레스씨엔또스	600	seiscientos 쎄이스씨엔또스	900	novecientos 노베씨엔또스	(un) millón 미욘		
400	cuatrocientos 꽈뜨로씨엔또스	700	setecientos 쎄떼씨엔또스	1,000	mil (단,복수) 밀	0	cero 쎄로	

문법 플러스

기억해야 할 숫자 규칙들

❶ 10의 자리와 함께 나오는 1의 자리 앞에만 y 붙이기

cincuenta y tres 53
씽꾸엔따 이 뜨레스

trescientos cinco 305
뜨레스씨엔또스 씽꼬

❷ 정확히 100은 cien으로, 100이 들어간 숫자는 ciento로 쓰기

cien chicos 100명의 소년들
씨엔 치꼬스

ciento diez chicos 110명의 소년들
씨엔또 디에스 치꼬스

❸ 숫자의 성수일치 : un + 남성명사 / una + 여성명사 / 200~900은 명사와 성 일치 필요

treinta y un libros 31권의 책
뜨레인따 이 운 리브로스

treinta y una casas 31채의 집
뜨레인따 이 우나 까싸스

doscientas personas 200명의 사람들
도스씨엔따스 뻬르쏘나스

❹ mil (단/복수 구분 없이 사용), millón / millones (단/복수 구분)

tilde를 없애줘요.

mil 1,000
밀

dos mil 2,000
도스 밀

un millón 1,000,000
운 미욘

dos millones 2,000,000
도스 미요네스

큰 숫자 읽기 연습

❶ 14,100,585

14	,	100	,	585
catorce	millones	cien	mil	quinientos ochenta y cinco

❷ 911,301,412

911	,	301	,	412
novecientos once	millones	trescientos un	mil	cuatrocientos doce

❸ 16,715,010

16	,	715	,	010
dieciséis	millones	setecientos quince	mil	diez

플러스 표현

남성명사와 여성명사 쉽게 구분하기 팁

❶ 단어의 마지막 alfabeto를 확인해 보자!

스페인어 명사 중 'o'로 끝나는 단어는 주로 남성명사인 경향을 보이고 'a'로 끝나는 단어는 여성명사인 경향을 보여요. 예외인 경우엔 정관사 (el/la)를 묶어서 외워주면 더 쉽게 외울 수 있답니다.

- (la) mano 마노 손 **f**
- (el) problema 쁘로블레마 문제 **m**

❷ -sión / -ción으로 끝나는 단어는 모두 여성명사예요.

- (la) habitación 아비따씨온 방
- (la) televisión 뗄레비씨온 텔레비전

❸ -d로 끝나는 단어도 모두 여성명사예요.

- (la) universidad 우니베르씨닫 대학교
- (la) ciudad 씨우닫 도시

챙겨가자 꿀표현 – 이름 묻고 답하기

아직 여러 가지 다양한 표현을 하기엔 걸음마 단계지만, 그래도 이름을 묻고 답할 줄은 알아야겠죠? 12과에서 '재귀동사'를 배우면 정확한 문법을 이해할 수 있어요.

¿Cómo te llamas? 꼬모 떼 야마스 (너는) 이름이 뭐니?

¿Cómo se llama? 꼬모 쎄 야마 (당신은) 이름이 뭐예요?

Me llamo Andrés. 메 야모 안드레스 저는 안드레스라고 해요(불려요).

Yo soy Andrés. 요 쏘이 안드레스 저는 안드레스예요.

¿Cuál es tu nombre? 꾸알 에스 뚜 놈브레 네 이름이 뭐야?

¿Cuál es su nombre? 꾸알 에스 쑤 놈브레 당신의 이름은 무엇인가요?

Mi nombre es Andrés. 미 놈브레 에스 안드레스 제 이름은 안드레스예요.

단어

cuál [꾸알] 무엇, 어떤 것   (el) nombre [놈브레] 이름

 **회화**

Tamara: Andrés, ¿dónde estás ahora?
안드레스 돈데 에스따스 아오라

Andrés: Hay una nueva cafetería cerca de mi casa.
아이 우나 누에바 까f페떼리아 쎄르까 데 미 까사

Estoy delante de la cafetería.
에스또이 델란떼 델 라 까f페떼리아

Tamara: Cerca de tu casa, ¿dónde?
쎄르까 데 뚜 까사 돈데

Andrés: Mira. Al lado de la plaza hay un edificio.
미라 알 라도 데 라 쁠라싸 아이 운 에디f피씨오

Tamara: La plaza está en el centro, ¿verdad?
라 쁠라싸 에스따 엔 엘 쎈뜨로 베르닫

Andrés: Sí y la cafetería está dentro de ese edificio.
씨 이 라 까f페떼리아 에스따 덴뜨로 데 에쎄 에디f피씨오

Hay buenos cafés de Colombia aquí.
아이 부에노스 까f페스 데 꼴롬비아 아끼

Tamara: ¡Qué bien! Pero el centro está muy lejos de mi casa.
께 비엔 뻬로 엘 쎈뜨로 에스따 무이 레호스 데 미 까사

Andrés: ¡Qué pena! Pero está bien. ¡Chao!
께 뻬나 뻬로 에스따 비엔 차오

회화 해설

Tamara	Andrés, ¿dónde estás ahora? 안드레스, 지금 어디에 있어?	특정대상인 '너(tú)'의 위치를 묻고 있기 때문에 estar 동사를 사용했어요.
Andrés	Hay una nueva cafetería cerca de mi casa. 우리 집 근처에 새로운 커피숍이 하나 있어. Estoy delante de la cafetería. 그 커피숍 앞에 있어.	상대방에게 처음으로 언급할 때는 hay 동사를 써야 해요. 그리고 셀 수 있는 대상이라 부정관사 una를 함께 써줬어요. la cafetería는 방금 알려준 정보라 이제 특정 대상이 되었으니 정관사 la와 함께 썼어요.
Tamara	Cerca de tu casa, ¿dónde? 너희 집 근처, 어디?	
Andrés	Mira. Al lado de la plaza hay un edificio. 자, 광장 옆에 건물이 하나 있어.	Mira는 '자, 이봐, 어이'라는 뜻으로 쓰여요.
Tamara	La plaza está en el centro, ¿verdad? 광장이 센트로에 있지, 맞지?	¿Verdad?는 자신이 한 말을 재차 확인할 때 사용할 수 있는 표현이에요.
Andrés	Sí y la cafetría está dentro de ese edificio. 맞아, 그리고 커피숍은 그 건물 안에 있어. Hay buenos cafés de Colombia aquí. 여기 좋은 콜롬비아 커피들이 있어.	buenos cafés : 남성명사 café의 복수형과 함께 형용사를 성수일치 시켜주었어요.
Tamara	¡Qué bien! Pero el centro está muy lejos de mi casa. 와 좋다! 근데 센트로는 우리 집에서 너무 멀어	lejos de는 '~에서 멀리에'라는 뜻의 위치 표현이에요.
Andrés	¡Qué pena! Pero está bien. ¡Chao! 아쉽다! 하지만 괜찮아. 안녕!	¡Qué pena! 아쉬워라! ¡Qué + 명사/형용사! : '얼마나 ~한지!' 라는 뜻의 감탄표현으로 쓰여요.

 **패턴 플러스**  **04-06**

1 Hay un gato   A.   위치 패턴연습 – hay 동사

Hay un gato
아이 운 가또

en la habitación	엔 라 아비따씨온	방에 고양이 한 마리가 있어요.
dentro de la habitación	덴뜨로 델라 아비따씨온	방 안에 고양이 한 마리가 있어요.
fuera de la habitación	f푸에라 델라 아비따씨온	방 밖에 고양이 한 마리가 있어요.
sobre la cama	소브레 라 까마	침대 위에 고양이 한 마리가 있어요.
al lado de la cama	알 라도 델라 까마	침대 옆에 고양이 한 마리가 있어요.
a la derecha de la cama	알라 데레차 델라 까마	침대 오른쪽에 고양이 한 마리가 있어요.
a la izquierda de la cama	알라 이스끼에르다 델라 까마	침대 왼쪽에 고양이 한 마리가 있어요.

2 El gato está   A.   위치 패턴연습 – estar 동사

El gato está
엘 가또 에스따

debajo de la cama	데바호 델라 까마	(그) 고양이가 침대 아래에 있어요.
delante de la cama	델란떼 델라 까마	(그) 고양이가 침대 앞에 있어요.
detrás de la cama	데뜨라스 델라 까마	(그) 고양이가 침대 뒤에 있어요.
cerca del árbol	쎄르까 델 아르볼	(그) 고양이가 나무 가까이에 있어요.
lejos del árbol	레호스 델 아르볼	(그) 고양이가 나무 멀리에 있어요.

단어

(la) derecha [데레차] 오른쪽   (la) izquierda [이스끼에르다] 왼쪽

연습문제 - 말하기

1 오늘의 핵심 문장 듣고 따라 읽기

❶ Hay un gato sobre la cama.   침대 위에 고양이 한 마리가 있어요.

❷ Hay una mesa en mi habitación.   내 방 안에 책상이 하나 있어요.

❸ Hay un gato debajo de la silla.   의자 아래에 고양이 한 마리가 있어요.

❹ El gato está sobre la cama.   (그) 고양이는 침대 위에 있어요.

❺ El gato está cerca del árbol.   (그) 고양이는 나무 가까이에 있어요.

2 핵심 문법 문장 따라 읽기

❶ Hay 58 (cincuenta y ocho) libros.   58권의 책이 있어요.

❷ Hay 2,000 (dos mil) coches.   2,000대의 차가 있어요.

❸ mil novecientos noventa   1990

❹ treinta y un millones   31,000,000

3 핵심 관용표현 따라 읽기

❶ ¿Verdad?   그렇지? 사실이지?

❷ ¡Mira!   봐봐!. 이봐!. 자!

❸ ¡Qué pena!   아쉽다!. 안타깝다!

❹ Está bien.   괜찮아.

(el) coche [꼬체] 자동차

13 연습문제 - 듣기

1 단어, 관용표현 듣고 받아쓰기

❶ _____

❷ _____

❸ _____

❹ _____

❺ _____

2 잘 듣고 빈칸에 알맞은 단어를 써 넣으세요.

❶ _____ un libro sobre la mesa.

❷ El libro _____ sobre la mesa.

❸ Hay un _____ de España en mi _____.

❹ Hay _____ chicas _____ de la tienda.

❺ Los estudiantes están _____ _____ la escuela.

❻ Hay _____ hombres _____ _____ edificio.

❼ El año _____.

❽ Mi casa está muy _____ de _____.

단어

(la) España [에스빠냐] 스페인   (la) tienda [띠엔다] 가게   (la) escuela [에스꾸엘라] 학교

연습문제 – 쓰기

1 따라 쓰고 읽어 보기

❶ Hay unos gatos.

❷ ¿Hay un banco cerca de aquí?

❸ El banco está cerca de aquí.

❹ Hay un gato al lado de la cama.

❺ El centro está muy lejos de mi casa.

2 문장 작문하기

TIP 다시 한번 체크해 봐요!
- hay 동사와 estar 동사를 적절하게 구분했나요?
- 불특정한 명사 앞에 부정관사 un/una/unos/unas를 잘 적어주었나요?
- 우리말로 읽을 때의 숫자와 스페인어의 숫자를 헷갈리지 않았나요?

❶ 그 강아지는 여기에 있어요.

❷ 책상 아래에 몇 권의 책이 있어요.

❸ 집 안에 101마리의 강아지가 있어요.

❹ 아무것도 없어요.

❺ Tamara와 Andrés는 교실에 있어요.

❻ 해변에 5만 명의 사람들이 있어요.

단어

(el) perrito [뻬리또] 강아지   (la) playa [쁠라야] 해변, 바닷가

15 문화

Machu Picchu
[마주픽추]

잃어버린 공중 도시 마추픽추

여행할수록 신비함이 끊이지 않는 남미의 여러 여행지 중 여러분의 1순위 목적지는 어디인가요? 아마도 많은 여행자들의 버킷리스트에 담겨있는 곳이 바로 페루의 마추픽추일 거예요.

15세기 남아메리카를 지배했던 잉카제국에 의해 지어진 요새 도시 마추픽추는 페루 서쪽 쿠스코라는 도시에서 북서쪽으로 약 80킬로미터 떨어진 곳에 위치해 있는데요, 무려 2,400미터 높이에서 약 1만 명이나 되는 인구가 살았다고 해요.

신비로운 잉카문명의 공중 도시에 오르기 위해서는 마추픽추 바로 아래의 작은 마을 Aguas calientes라는 곳에 하루 전 도착해 다음 날 아침 일찍 나서야 하는데요, 동이 트고 나서야 도착하는 투어 버스를 타지 않고, 숨이 턱까지 찰 만큼 쉴 새 없이 한 시간을 걸어 올라가면 두 개의 봉우리와 유적지들 사이로 떠오르는 태양을 직접 목격할 수 있답니다.

지어진 지 약 1세기가 채 되지 않아 스페인의 침략과 비슷한 시기에 버려진 이 도시는 1911년 미국의 고고학자이자 탐험가 하이럼 빙엄에 의해 발견되었으나 현재까지 계속 발굴이 진행 중이며 그래서 아직도 베일에 싸인 곳이랍니다.

이곳을 요새처럼 사용했었던 당시 잉카인들의 발자취를 느끼고 싶다면 '잉카 정글 트레일'이라는 루트를 통해 쿠스코에서부터 2박 3일에 걸쳐 이동하는 걸 추천하지만, 세계에서 거리 대비 가장 비싸다고 알려진 하이럼빙엄 열차(2시간 이동에 약 500불)를 타고 이동하는 플렉스도 가능하답니다!

단어

- (la) montaña [몬따냐] 산
- agua [아구아] 물 **f** 발음 때문에 단수정관사 el로 표기
- caliente [깔리엔떼] 뜨거운

5

스페인어를 조금 말해요.
Hablo un poco de español.

현재시제 활용

이제 본격적으로 다양한 동사들을 배워 보고, 활용해서 문장을 만들어 보도록 할 거예요. 현재시제를 활용해 어떤 표현들을 할 수 있는지 한번 볼까요?

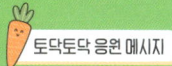

No hay nada imposible. "불가능한 건 없다!"
지금처럼 즐기면서 공부하고 도전하는 여러분에게 절대 불가능은 없답니다! 오늘도 힘내서 시작해요.

01 4과 복습

1 다음 단어들을 올바른 어순으로 나열해 보세요.

① aquí | Hay | de | banco | un | cerca

¿ _____ ?

② al | Las | la | lado | están | cama | sillas | de

_____

2 haber(hay) 동사와 estar 동사 중 알맞은 동사를 골라 적어 보세요.

① El gato _____ en la habitación.

② No _____ nada en la clase.

③ _____ muchos estudiantes en la clase.

④ Ellos _____ en casa.

3 다음 문장을 완성해 보세요.

① 방에 뭐가 있어요?   ¿Qué _____ en la habitación?

② 화장실은 어디에 있어요?   ¿Dónde _____ el baño?

③ 테이블 밑에 고양이가 한 마리 있어요.   Hay un gato _____ de la mesa.

④ 광장 옆에 건물이 하나 있어요.   Al _____ de la plaza _____ un edificio.

4 알맞은 단어나 관용표현을 연결시키고, 다섯 번씩 읽어 보세요.

~의 앞에   •   •   en

~의 밖에   •   •   lejos de

~에, 안에   •   •   delante de

~의 멀리에   •   •   fuera de

02 단어

hablar	아블라르	말하다
tomar	또마르	마시다 (= take)
estudiar	에스뚜디아르	공부하다
comer	꼬메르	먹다
pasta	빠스따	파스타 (f)
vivir	비비르	살다
bailar	바일라르	춤추다
beber	베베르	마시다
aprender	아쁘렌데르	배우다
leer	레에르	읽다
escribir	에스끄리비르	쓰다
abrir	아브리르	열다
esta noche	에스따 노체	오늘 밤
normalmente	노르말멘떼	보통, 일반적으로
todo/a(s)	또도	모든
todos los días	또도스 로스 디아스	매일
genial	헤니알	천재적인, 대단한
difícil(es)	디f피씰	어려운
poco/a(s)	뽀꼬	적은
ya	야	이미, 이제
coreano	꼬레아노	한국어 (m)
acuerdo	아꾸에르도	합의, (의견의) 일치 (m)
divertido/a(s)	디베르띠도	재미있는

 # 문장

인칭별 현재시제 문장 만들기

Hablo español.　저는 스페인어를 말해요(말할 수 있어요).

Hablas español.　너는 스페인어를 말한다(말할 수 있다).

Habla español.　그/그녀/당신은 스페인어를 말해요(말할 수 있어요).

Hablamos español.　우리는 스페인어를 말해요(말할 수 있어요).

Habláis español.　너희들은 스페인어를 말한다(말할 수 있다).

Hablan español.　그들/그녀들/당신들은 스페인어를 말해요(말할 수 있어요).

현재시제 예문 보기

Tomo mucho café.　(저는) 커피를 많이 마셔요.

¿Qué tomas ahora?　(너는) 지금 무엇을 마셔?

Estudio español.　(저는) 스페인어를 공부해요.

Yo como pasta ahora.　저는 지금 파스타를 먹어요.

¿Dónde vives?　(너는) 어디에 살아?

Vivo en el centro.　(저는) 시내에 살아요.

 **문법**

현재시제 동사변형

모든 동사는 시제와 인칭이 결정되지 않은 '동사원형'과 시제와 인칭이 부여된 '변형'이 존재해요. 이제 현재시제로 문장을 만들기 위해 인칭별 동사변형을 연습해 보아요.

동사원형

동사 원형은 어미에 따라 –ar / –er / –ir 세 가지의 형태가 있어요.

현재시제 규칙동사 변형 '-ar' 동사

–ar로 끝나는 동사변형은 인칭에 따라 다음과 같이 어미변형을 해요.

인칭	-ar 어미변형
yo	-o
tú	-as
él, ella, Ud.	-a
nosotros/as	-amos
vosotros/as	-áis
ellos, ellas, Uds.	-an

bailar	춤추다
bailo	나는 춤춘다
bailas	너는 춤춘다
baila	그/그녀/당신은 춤춘다
bailamos	우리는 춤춘다
bailáis	너희는 춤춘다
bailan	그들/그녀들/당신들은 춤춘다

연습하기

인칭	hablar 말하다	estudiar 공부하다
yo	hablo	estudio
tú	hablas	estudias
él, ella, Ud.	habla	estudia
nosotros/as	hablamos	estudiamos
vosotros/as	habláis	estudiáis
ellos, ellas, Uds.	hablan	estudian

 문법

-er 동사 변형연습

인칭	-er 어미변형	comer	먹다
yo	-o	como	나는 먹는다
tú	-es	comes	너는 먹는다
él, ella, Ud.	-e	come	그/그녀/당신은 먹는다
nosotros/as	-emos	comemos	우리는 먹는다
vosotros/as	-éis	coméis	너희는 먹는다
ellos, ellas, Uds.	-en	comen	그들/그녀들/당신들은 먹는다

-ir 동사 변형연습

인칭	-ir 어미변형	vivir	살다
yo	-o	vivo	나는 산다
tú	-es	vives	너는 산다
él, ella, Ud.	-e	vive	그/그녀/당신은 산다
nosotros/as	-imos	vivimos	우리는 산다
vosotros/as	-ís	vivís	너희는 산다
ellos, ellas, Uds.	-en	viven	그들/그녀들/당신들은 산다

- tomar는 마시는 모든 목적어에 다 쓸 수 있는 반면 beber는 술, 물, 음료수처럼 '벌컥벌컥' 마시는 느낌으로 사용할 때 주로 쓰이는 동사예요

인칭	beber 마시다	aprender 배우다	leer 읽다	escribir 쓰다	abrir 열다
yo	bebo	aprendo	leo	escribo	abro
tú	bebes	aprendes	lees	escribes	abres
él, ella, Ud.	bebe	aprende	lee	escribe	abre
nosotros/as	bebemos	aprendemos	leemos	escribimos	abrimos
vosotros/as	bebéis	aprendéis	leéis	escribís	abrís
ellos, ellas, Uds.	beben	aprenden	leen	escriben	abren

 **문법 플러스**

> **현재시제로 질문하고 답하기**

현재시제는 1. 일반적, 습관적 행동, 2. 현재의 행동, 3. 가까운 미래의 행동을 다룰 때 사용할 수 있어요.

인칭	tomar 마시다
yo	tomo
tú	tomas
él, ella, Ud.	toma
nosotros/as	tomamos
vosotros/as	tomáis
ellos, ellas, Uds.	toman

일반적, 습관적 행동

- A ¿Tomas mucho café? (너는) 커피를 많이 마셔?
- B No, no tomo mucho café. 아니, (나는) 커피를 많이 마시지 않아.

현재의 행동

- A ¿Qué tomas ahora? (너는) 지금 무엇을 마셔?
- B Yo tomo café ahora. 나는 지금 커피를 마셔.

가까운 미래

- A ¿Tomas café esta noche? (너는) 오늘 밤 커피를 마시니?
- B Sí, tomo café esta noche. 응, 오늘 밤 커피를 마셔.

 핵심 문법 포인트

스페인어에서는 동사변형으로 인칭을 알 수 있기 때문에 인칭대명사는 생략이 가능해요. 효율적으로 언어를 구사할 때는 인칭대명사를 보통 생략하고, 인칭대명사(주어)를 강조하고 싶을 때는 생략하지 않고 쓰기도 하죠.

문법 플러스

ar / er / ir 동사 예문 익히기

- A ¡Bailas muy bien!　(너는) 춤을 아주 잘 추는구나!
  B Sí, yo bailo mucho.　맞아. 나 춤 많이 추거든.

- A ¿Qué comes normalmente en el restaurante?　(너는) 레스토랑에서 보통 뭘 먹어?
  B Normalmente como pasta.　(나는) 보통 파스타를 먹어.

- A ¿Qué aprendes?　(너는) 무엇을 배워?
  B Aprendo español estos días.　(나는) 요즘 스페인어를 배워.

- A ¿Dónde vives?　(너는) 어디에 살아?
  B Vivo cerca de la plaza. ¿Y tú?　(나는) 광장 근처에 살아, 너는?
  A Yo también vivo en el centro.　나도 센트로에 살아.
  B ¡Vivimos cerca!　(우리) 가까이에 사는구나!

나라 이름과 나라별 형용사

❶ 각 나라를 나타내는 단어에도 성이 부여돼 있어요.
❷ 각 나라를 형용사형으로 쓰면 명사를 꾸며주는 경우도 있고, 각 나라의 사람들을 지칭하는 단어가 될 수도 있어요.
❸ 형용사형의 남성형은 각 나라의 언어를 의미하기도 해요.

나라 이름	의미	형용사형
(la) Corea 꼬레아	한국	coreano/a 꼬레아노/나
Corea del Sur 꼬레아 델 쑤르	남한	surcoreano/a 쑤르꼬레아노/나
Corea del Norte 꼬레아 델 노르떼	북한	norcoreano/a 노르꼬레아노/나
(el) Japón 하뽄	일본	japonés/japonesa 하뽀네스/하뽀네싸
(la) China 치나	중국	chino/a 치노/나
(la) Francia ᶠ프란씨아	프랑스	francés/francesa ᶠ프란쎄스/ᶠ프란쎄싸
(la) Alemania 알레마니아	독일	alemán/alemana 알레만/알레마나
(la) Inglaterra 잉글라떼ʳ라	영국	inglés/inglesa 잉글레스/잉글레싸
(la) Italia 이딸리아	이탈리아	italiano/a 이딸리아노/이딸리아나
(los) Estados Unidos 에스따도스 우니도스	미국	estadounidense 에스따도우니덴쎄

챙겨가자 꿀표현 – 스페인어 할 줄 아는지 물어볼 때

여행을 하거나 외국인 친구를 사귈 때 처음에 가장 많이 듣게 되는 질문이 바로
'¿Hablas español? 스페인어 할 줄 알아?'예요. 이때 당황하지 말고 오늘 배운 동사를 활용해서 대답해 보아요.

Hablo un poco de español. 스페인어를 조금 할 줄 알아요.

No hablo muy bien español. 스페인어를 아주 잘 하지는 못해요.

Sí, pero solo un poco. 네, 하지만 아주 조금만요.

Solo un poquito. 아주 쬐~금요.

• poco를 작고 귀엽게 표현해서 poquito라고 말할 수 있어요.

 **회화**

Tamara Sangmin, ¿estudias español?

Sangmin Sí, estudio español todos los días.

Andrés ¡Genial! Estudias mucho.

Sangmin Sí, aprendo mucho. Pero es muy difícil.

Tamara Poco a poco, Sangmin.
Ya hablas bien español.

Andrés Sí, y tú, Tamara, hablas muy bien el coreano.

Sangmin Estoy de acuerdo. Tamara estudia mucho también.

Tamara ¡Gracias! El coreano es muy divertido.

회화 해설

Tamara	Sangmin, ¿estudias español? 상민아, 스페인어 공부하니?	동사변형 estudias만으로 주어가 tú임을 알 수 있으므로 인칭대명사는 생략되었어요.
Sangmin	Sí, estudio español todos los días. 응, 스페인어를 매일 공부해.	todos los días은 '매일'이라는 관용표현이에요.
Andrés	¡Genial! Estudias mucho. 대단해! 공부 많이 하는구나.	
Sangmin	Sí, aprendo mucho. Pero es muy difícil. 응, 많이 배우지. 그런데 많이 어려워.	difícil은 '어려운'이라는 형용사로 보통 ser 동사와 함께 표현해요.
Tamara	Poco a poco, Sangmin. 천천히 해, 상민아.	poco a poco는 '조금씩 조금씩'이라는 관용표현이에요.
	Ya hablas bien español. 이미 넌 스페인어를 잘해.	Ya는 '이미', '이제'라는 의미로 동사 바로 앞에서 주로 사용돼요.
Andrés	Sí, y tú, Tamara, hablas muy bien el coreano. 맞아, 그리고 타마라 너도 한국어 아주 잘해.	bien, muy bien 등이 동사를 수식할 때는 꾸며주는 동사의 바로 뒤에 위치해야 자연스러워요. 언어를 나타내는 단어, 예를 들어 español, coreano의 앞에는 정관사 el을 넣어서 쓰기도 하고, 빼고 쓰기도 해요.
Sangmin	Estoy de acuerdo. 나도 동감이야.	estar de acuerdo는 '동의하다, 공감하다'라는 의미의 표현으로 estar 동사를 인칭에 맞게 변화해줘요.
	Tamara estudia mucho también. 따마라도 공부 많이 하거든.	
Tamara	¡Gracias! El coreano es muy divertido. 고마워! 한국어는 정말 재밌어.	주어로 쓰인 coreano(한국어)는 정관사 el과 함께 써줘야 자연스러워요. 스페인어에서는 특별한 이유가 없으면 주어를 보통 관사와 함께 써줘야 해요.

패턴 플러스

1 Yo hablo   A .   다양한 목적어 활용하기

Yo hablo	coreano	저는 한국어를 말해요. (말할 줄 알아요)
	español	저는 스페인어를 말해요. (말할 줄 알아요)
	inglés	저는 영어를 말해요. (말할 줄 알아요)
	chino	저는 중국어를 말해요. (말할 줄 알아요)
	japonés	저는 일본어를 말해요. (말할 줄 알아요)

2 Yo estudio español   A .   다양한 시간표현 활용하기

Yo estudio español	todos los días	저는 스페인어를 매일 공부해요.
	todo el día	저는 스페인어를 하루 종일 공부해요.
	todas las noches	저는 스페인어를 매일 밤 공부해요.
	toda la noche	저는 스페인어를 밤새 공부해요.

 핵심 문법 포인트

영어와 다르게 스페인어에서는 각국의 언어를 나타내는 단어가 일반 명사로 취급되어 소문자로 표기해요. 또한 모든 언어는 남성명사예요.
(el) idioma [이디오마] 언어

단어

(el) inglés [잉글레스] 영어   (el) chino [치노] 중국어   (el) japonés [하뽀네스] 일본어

연습문제 – 말하기

1 오늘의 핵심 문장 듣고 따라 읽기

① Bailo muy bien.   (저는) 춤을 아주 잘 춰요.

② Estudio español todos los días.   (저는) 매일 스페인어를 공부해요.

③ Hablo un poco de español.   (저는) 스페인어를 조금 말해요. (말할 줄 알아요)

④ Hablas muy bien coreano.   (너는) 한국어를 아주 잘 하는구나.

⑤ Tamara estudia mucho.   타마라는 공부를 많이 해요.

2 핵심 문법 문장 따라 읽기

① ¿Qué comes normalmente?   (너는) 보통 무엇을 먹니?

② ¿Dónde vives?   (너는) 어디에 살아?

③ Vivo en Corea.   (저는) 한국에 살아요.

④ Bebo cerveza.   (저는) 맥주를 마셔요.

⑤ Aprendo español estos días.   (저는) 요즘 스페인어를 배워요.

3 핵심 관용표현 따라 읽기

① ¡Genial!   대단해! 굉장해!

② ¡Poco a poco!   조금씩 조금씩. (서두르지 말아요)

③ Estoy de acuerdo.   저도 동감이에요.

④ esta noche   오늘 밤

(la) cerveza [쎄르베싸] 맥주

연습문제 - 듣기

1 단어, 관용표현 듣고 받아쓰기

① _____
② _____
③ _____
④ _____
⑤ _____

2 잘 듣고 빈칸에 알맞은 단어를 써 넣으세요.

① Ellos _____ muy bien español.

② Yo tomo vino _____ .

③ ¿Qué bebes _____ ?

④ Estoy de _____ .

⑤ El coreano es muy _____ .

⑥ Yo bebo cerveza _____ .

⑦ Nosotros _____ español estos días.

⑧ ¡_____ cerca!

단어

(el) vino [비노] 와인

연습문제 - 쓰기

1 따라 쓰고 읽어 보기

❶ Hablo un poco de español.

❷ Estudio español todos los días.

❸ ¡Bailas muy bien!

❹ ¿Qué comes normalmente?

❺ Vivo en Seúl, la capital de Corea.

2 문장 작문하기

TIP 다시 한번 체크해 봐요!
- 인칭에 맞게 동사변형을 하였나요?
- 의문문에서 적절한 의문사를 문장의 가장 앞에 써주었나요?
- 동사를 꾸며주는 부사의 위치는 적절하게 썼나요?

❶ Andrés는 어디에 살아요?

❷ 우리는 밤새 스페인어를 공부해요.

❸ 그녀들은 영어를 아주 잘 말해요.

❹ 저는 문을 열어요.

❺ 저는 많은 책들을 읽어요.

❻ (너는) 무엇을 쓰니?

단어

(el) Seúl [쎄울] 서울   (la) capital [까삐딸] 수도

문화

Salsa
[쌀싸]

살사 음악과 춤

중남미를 대표하는 문화를 이야기할 땐 라틴 댄스를 빼놓을 수 없겠죠? 각 나라별로 여러 가지 음악과 춤들이 존재하지만 중남미 전체를 관통하는 라틴 음악과 라틴 댄스 중 대표적인 것이 바로 '살사'입니다.

과거 아프리카계 노예들이 많이 거주했던 카리브해 지역(Caribe)의 국가들인 쿠바, 도미니카 공화국, 푸에르토 리코 등지에서 만들어졌지만 지금은 중남미 전체에서 가장 인기있는 장르의 음악이자 춤이라 할 수 있지요. 특히 그 중에서도 쿠바를 거닐다 보면 길에서 맨발로 라이브 퍼커션 리듬에 맞춰 살사를 즐기는 모습을 쉽게 볼 수 있답니다.

아프리카에서 넘어온 쿠바의 전통 리듬들과 1950년대 미국에서 인기였던 남부 재즈 음악이 만나 리드미컬하고 감각적인 살사 음악이 완성되었는데요, 이런 경쾌한 리듬과는 다르게 이들이 추는 살사에는 과거 양 발이 묶인 채 노예 생활을 하던 영향으로 인해 주로 짧은 보폭의 스탭을 가지고 있어 그들의 아픈 역사가 담겨있기도 해요.

그럼에도 불구하고 그런 슬픔을 특유의 흥으로 승화하는 이들의 기질을 엿볼 수 있는 살사 댄스.

우리도 ¡Uno, dos, tres!
살사 스탭을 익혀 보는건 어떨까요?

단어

- (la) música [무씨까] 음악
- (la) danza [단싸] 춤
- (la) salsa [쌀싸] 카리브해의 민속 춤, 음악이자 동시에 '소스'라는 의미
  - 예) salsa de guacamole 과카몰레 소스   salsa de ajo 마늘 소스
- caribe [까리베] 카리브족의, 카리브해 지역의

6

지하철 타고 회사에 가요.
Voy al trabajo en metro.

현재시제의 불규칙 변형

현재시제 변형에는 지난 시간에 배운 규칙변형 이외에 어간에도 변형이 일어나는 '불규칙 변형'이 존재해요. 하지만 유형별로 정리해 보면 그리 어렵지 않으니 함께 불규칙 동사변형의 유형을 알아보도록 해요!

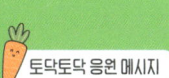

Sin prisa pero sin pausa. "서두르지 말되, 꾸준히!"
조금씩 조금씩 꾸준함을 이길 수 있는 건 없답니다. 오늘도 서두르지 않고 차근차근 스페인어와 친해져 보도록 할게요.

5과 복습

1 다음 단어들을 올바른 어순으로 나열해 보세요.

① todos | español | los | Yo | estudio | días

　_____

② el | Qué | en | comes | restaurante | normalmente

　¿ _____ ?

2 주어진 동사를 인칭에 맞게 변형해 보고 해석해 보세요.

① Yo _____ (hablar) un poco de español.

② _____ (vivir, ella) cerca del centro.

③ ¿Qué _____ (tomar, tú) ahora?

④ Nosotros _____ (읽다) libros todos los días.

⑤ ¿Cuándo _____ (배우다, tú) coreano?

3 다음 문장을 완성해 보세요.

① (너) 어디에 살아?　　¿Dónde _____ ?

② (너는) 스페인어를 아주 잘하는구나!　¡_____ muy bien español!

③ 나는 많은 커피를 마셔.　Yo _____ _____ café.

④ Andrés는 밤새 맥주를 마셔.　Andrés _____ cerveza _____ _____ _____.

⑤ 우리는 오늘 밤 파스타를 먹어.　Nosotros _____ pasta _____ noche.

4 알맞은 단어나 관용표현을 연결시키고, 다섯 번씩 읽어 보세요.

나도 동의해　●　　　●　¡Genial!

매일 밤　　●　　　●　poco a poco

대단해!　　●　　　●　todas las noches

조금씩　　●　　　●　Estoy de acuerdo.

 ## 단어

ir	이르	가다
trabajo	뜨라바호	일, 일터, 직장 m
metro	메뜨로	지하철 m
dormir	도르미르	자다
hora	오라	시간 f
tener	떼네르	가지다, 가지고 있다
calor	깔로르	더위 m
hambre	암브레	허기, 배고픔 f 발음 때문에 단수정관사 el로 표기
sueño	쑤에뇨	꿈, 잠, 졸음 m
salir	쌀리르	나가다, 나가 놀다
hacer	아쎄르	하다, 만들다
querer	께레르	원하다, 사랑하다
venir	베니르	오다
pedir	뻬디르	주문하다
volver	볼베르	돌아가다, 돌아오다
mañana	마냐나	내일
adónde	아돈데	어디로
Dios	디오스	신, 하느님 m
mío/a(s)	미오	나의
poco	뽀꼬	적게 (부사)
hoy	오이	오늘
ejercicio	에헤르씨씨오	운동 m
tarde	따르데	오후 f
frío	f프리오	추위 m
con	꼰	~와 함께
amigo/a	아미고	친구 m f
envidia	엔비디아	선망, 부러움 f
fin	f핀	끝, 마지막 m
semana	쎄마나	주, 일주일 f
gimnasio	힘나씨오	헬스장, 체육관 m
mañana	마냐나	아침 f

 ## 문장

인칭별 현재시제 문장 맛보기

Voy al trabajo en metro.   저는 지하철로 회사(직장)에 가요.

Vas al trabajo en metro.   너는 지하철로 회사(직장)에 간다.

Va al trabajo en metro.   그/그녀/당신은 지하철로 회사(직장)에 가요.

Vamos al trabajo en metro.   우리는 지하철로 회사(직장)에 가요.

Vais al trabajo en metro.   너희들은 지하철로 회사(직장)에 간다.

Van al trabajo en metro.   그들/그녀들/당신들은 지하철로 회사(직장)에 가요.

Voy a la playa.   (저는) 해변에 가요.

Duermo cinco horas al día.   (저는) 하루에 다섯 시간 자요.

Ella viene de la escuela a casa.   그녀는 학교에서 집으로 와요.

Salgo todas las noches.   저는 매일 밤 (놀러) 나가요.

Yo tengo calor.   저는 더워요.

Tengo mucha hambre.   저는 많이 배고파요.

 **문법**

현재시제 불규칙 동사변형

지난 시간에 배운 현재시제의 규칙변형에서는 어미만 변화했죠? 불규칙 동사변형에서는 어간에도 변화가 생긴답니다. 그러나 어미는 대부분 규칙변형을 따른다는 점 기억해 두세요.

'묻지마' 불규칙 변형

적당한 패턴을 보이지 않고 변형하여 외워줘야 하는 동사유형이에요.

인칭	ser ~이다
yo	soy
tú	eres
él, ella, Ud.	es
nosotros	somos
vosotros	sois
ellos, ellas, Uds.	son

인칭	ir 가다
yo	voy
tú	vas
él, ella, Ud.	va
nosotros	vamos
vosotros	vais
ellos, ellas, Uds.	van

1인칭 -go 불규칙 변형

1인칭 동사변형에만 적용되는 불규칙이에요.

인칭	salir 나가다
yo	salgo
tú	sales
él, ella, Ud.	sale
nosotros	salimos
vosotros	salís
ellos, ellas, Uds.	salen

e → ie 불규칙 변형

끝에서 두 번째 음절의 e가 ie로 변형

인칭	querer 원하다, 사랑하다
yo	quiero
tú	quieres
él, ella, Ud.	quiere
nosotros	queremos
vosotros	queréis
ellos, ellas, Uds.	quieren

o → ue 불규칙 변형

끝에서 두 번째 음절의 o가 ue로 변형

인칭	dormir 자다
yo	duermo
tú	duermes
él, ella, Ud.	duerme
nosotros	dormimos
vosotros	dormís
ellos, ellas, Uds.	duermen

e → i 불규칙 변형

끝에서 두 번째 음절의 e가 i로 변형

인칭	pedir 주문하다
yo	pido
tú	pides
él, ella, Ud.	pide
nosotros	pedimos
vosotros	pedís
ellos, ellas, Uds.	piden

 문법

현재시제 불규칙동사로 문장 만들기

현재시제는 1. 일반적, 습관적 행동, 2. 현재의 행동, 3. 가까운 미래의 행동을 다룰 때 사용할 수 있어요.
*교재에 동사변형이 표시되지 않은 동사들은 부록의 '동사변화표'를 참고해주세요.

Voy al trabajo en metro.   저는 지하철로 회사(직장)에 가요.

Ella viene de la escuela a casa.   그녀는 학교에서 집으로 와요.

Salgo todas las noches.   저는 매일 밤 (놀러) 나가요.

Vuelvo a Seúl mañana.   저는 내일 서울로 돌아가요.

Point 핵심 문법 포인트
'가다', '오다' 등의 동사를 쓰고
'en + 교통수단'을 써주면
'~을 타고'라는 뜻으로 활용될 수 있어요.

현재시제 불규칙동사로 질문하고 답하기

- A ¿Adónde vas?   (너는) 어디에 가니?
  B Voy a la playa.   (나는) 해변에 가.

- A ¿Duermes mucho?   (너는) 많이 자니?
  B Duermo cinco horas al día.   (나는) 하루에 다섯 시간 자.
  A ¡Dios mío! Duermes muy poco.   세상에! (너는) 정말 적게 자는구나.

- A ¿Qué haces hoy?   (너는) 오늘 뭘 해?
  B Hago ejercicio por la tarde.   (나는) 오후에 운동을 해.

문법 플러스

tener 동사 표현

tener 불규칙 동사변형

`1인칭 go 불규칙 + ie 불규칙`

 tener 동사 뒤에 명사를 목적어로 취하여 '~을 가지고 있다'라고 해석합니다.

인칭	tener	가지다, 가지고 있다
yo	tengo	나는 가지고 있다
tú	tienes	너는 가지고 있다
él, ella, Ud.	tiene	그/그녀/당신은 가지고 있다
nosotros/as	tenemos	우리는 가지고 있다
vosotros/as	tenéis	너희는 가지고 있다
ellos, ellas, Uds.	tienen	그들/그녀들/당신들은 가지고 있다

추상명사를 활용, 상태 표현하기

 hambre는 여성명사이지만 단수 정관사를 쓸 때는 발음의 영향으로 el hambre라고 써주게 됩니다.

Yo tengo calor. "저는 더위를 가지고 있어요." → "저는 더워요."

Yo tengo frío. "저는 추위를 가지고 있어요." → "저는 추워요."

Yo tengo hambre. "저는 배고픔을 가지고 있어요." → "저는 배고파요."

Yo tengo sueño. "저는 잠(졸음)을 가지고 있어요." → "저는 졸려요."

07 문법 플러스

tener 동사 표현

추상명사를 수식하기

Yo tengo mucho calor. "저는 많은 더위를 가지고 있어요." → "저는 많이 더워요."

Yo tengo un poco de calor. "저는 약간의 더위를 가지고 있어요." → "저는 약간 더워요."

Yo tengo mucha hambre. "저는 많은 배고픔을 가지고 있어요." → "저는 많이 배고파요."

Yo tengo un poco de hambre. "저는 약간의 배고픔을 가지고 있어요."
→ "저는 약간 배고파요."

Yo tengo mucho sueño. "저는 많은 졸음을 가지고 있어요." → "저는 많이 졸려요."

Yo tengo un poco de sueño. "저는 약간의 졸음을 가지고 있어요." → "저는 약간 졸려요."

Yo no tengo mucho calor. "저는 많은 더위를 가지고 있지 않아요."
→ "저는 많이 덥지는 않아요."

Yo no tengo mucha hambre. "저는 많은 배고픔을 가지고 있지 않아요."
→ "저는 많이 배고프지는 않아요."

 핵심 문법 포인트

* 명사를 수식하는 '많은'이라는 형용사는 꾸며주는 대상인 명사의 성에 맞게 성수일치를 해줘야 해요.
* 형용사 앞에서는 'un poco'로 꾸며주지만 명사를 수식할 때는 'un poco de + 명사'의 형태가 돼야 해요.
* hambre는 여성명사이지만 단수 정관사를 쓸 때는 발음의 영향으로 el hambre라고 써주게 됩니다.

스페인 스페인어 VS 중남미 스페인어 1탄

여러 나라에서 쓰는 스페인어는 각 나라마다 현지 문화의 영향을 받아 약간의 차이점들이 존재해요. 어떤 국가에서 스페인어를 배우더라도 의사소통에는 크게 영향을 미치지 않지만, 각 나라별 스페인어의 차이를 알면 그들의 문화를 이해하는 데에 도움이 된답니다. 일단 크게 나누어 스페인과 중남미의 스페인어가 가장 큰 차이를 보이는데, 그 중 가장 두드러진 특징은 인칭대명사의 활용이에요.

'너희들'이라는 인칭을 말할 때 스페인에서는 vosotros/as를 사용하지만 중남미에서는 Uds.(당신들)로 그 의미를 대신한답니다. 따라서 스페인에서는 vosotros와 Uds.의 격식, 비격식 차이가 분명한 반면, 중남미에서는 Uds.를 격식, 비격식의 모든 경우에 사용해요.

지역별 '너희들' 표현 차이

표현	스페인	중남미
(너희들) 어떻게 지내?	¿Cómo estáis?	¿Cómo están?
(너희들) 어디 출신이니?	¿De dónde sois?	¿De dónde son?
(너희들) 어디 살아?	¿Dónde vivís?	¿Dónde viven?

챙겨가자 꿀표현 – 나이 묻고 답하기

스페인어에서는 나이를 물어볼 때 상대방이 '어떤 나이'를 가지고 있는지, 혹은 '얼마나 많은 해(年)'를 가지고 있는지 물어본답니다. 이때 사용되는 동사가 바로 오늘 배운 'tener 가지고 있다' 동사가 되겠죠.

¿Cuántos años tienes? (너는) 몇 개의 해를 가지고 있어? ➔ 너는 몇 살이니?

¿Qué edad tienes? (너는) 무슨 나이를 가지고 있어? ➔ 너는 몇 살이니?

당연히 대답할 때는 4강에서 배운 숫자를 활용해야겠지요?

- Tengo veinticinco años. 스물다섯 개의 해를 갖고 있어. ➔ 스물다섯 살이야.

- años를 생략하고 Tengo + 숫자까지만 말할 수도 있어요.

단어

cuánto/a(s) [꽌또/따] 얼마나 많은, 몇 개의   (el) año [아뇨] 해, 년   (la) edad [에닫] 나이

회화

Andrés Tamara, ¿qué haces mañana?

Tamara Salgo con mi amiga Lola.
Lola viene a mi casa y salimos por la noche.

Andrés ¿Adónde vais?

Tamara Normalmente vamos al centro y comemos.
Y luego, bebemos cerveza y volvemos a casa.

Andrés ¡Qué envidia!

Tamara Y tú, ¿qué haces normalmente los fines de semana?

Andrés Hago ejercicio en el gimnasio por la mañana.

Tamara ¡Buen fin de semana, Andrés!

Andrés Tú también, Tamara.

회화 해설

Andrés Tamara, ¿qué haces mañana?
타마라, 내일 뭐해?

> '내일'이라는 단어 mañana와 함께 쓰여서 미래를 나타내는 용법으로 이해하면 돼요.

Tamara Salgo con mi amiga Lola.
내 친구 롤라와 나가 놀 거야.

Lola viene a mi casa y salimos por la noche.
롤라가 우리집에 왔다가 (우리는) 밤에 나갈 거야.

> por la noche는 '밤에'라는 표현으로 중남미에서는 en la noche라고도 써요.

Andrés ¿Adónde vais?
(너희는) 어디로 가니?

> adónde / a dónde 두 가지 모두 사용할 수 있어요.

Tamara Normalmente vamos al centro y comemos.
(우리는) 보통 시내에 가서 밥을 먹어.

> a는 '~로'라는 의미로 ir(가다), venir(오다), salir(나가다) 등 장소의 이동을 나타내는 동사와 함께 주로 쓰이며 뒤에 목적지를 써줘요.

Y luego, bebemos cerveza y volvemos a casa.
그리고 나서 맥주를 마시고 집으로 돌아오지.

> luego 나중에, 후에

Andrés ¡Qué envidia!
완전 부럽다!

> ¡Qué + 명사는 대단한 ~, 매우 ~ 등의 감탄문으로 활용할 수 있어요.

Tamara Y tú, ¿qué haces normalmente los fines de semana?
넌? 주말에 주로 뭘 해?

> (el) fin de semana 주말(에)
> (los) fines de semana 주말마다

Andrés Hago ejercicio en el gimnasio por la mañana.
(나는) 오전에 헬스장에서 운동을 해.

> por la mañana 오전에
> '내일'을 나타내는 부사 mañana와 헷갈리지 않도록 유의해야 합니다.

Tamara ¡Buen fin de semana, Andrés!
주말 잘 보내, 안드레스.

> Buen fin de semana 좋은 주말 (보내세요)

Andrés Tú también, Tamara.
너도, 타마라!

 패턴 플러스

1 Yo voy al trabajo A . 다양한 교통수단 표현하기

Yo voy al trabajo

en metro	저는 지하철을 타고 직장에 가요.
en autobús	저는 버스를 타고 직장에 가요.
en coche	저는 자동차를 타고 직장에 가요.
en taxi	저는 택시를 타고 직장에 가요.
en bicicleta	저는 자전거를 타고 직장에 가요.

2 Yo hago ejercicio A . 다양한 시간표현 활용하기

Yo hago ejercicio

por la mañana	저는 오전에 운동을 해요.
por la tarde	저는 오후에 운동을 해요.
por la noche	저는 밤에 운동을 해요.
entre semana	저는 주중에 운동을 해요.
los fines de semana	저는 주말에(주말마다) 운동을 해요.

3 A B mucho/a C . tener 동사 상태표현
     un poco de

		mucho/a un poco de		
Yo	tengo			
Tú	tienes		hambre	(배고픔) 배고프다
Él, Ella, Ud.	tiene		sed	(갈증) 목마르다
Nosotros/as	tenemos		miedo	(두려움) 두렵다, 무섭다
Vosotros/as	tenéis		sueño	(졸음) 졸립다
Ellos, Ellas, Uds.	tienen			

단어

(el) autobús [아우또부스] 버스　(el) taxi [딱씨] 택시　(la) bicicleta [비씨끌레따] 자전거　entre [엔뜨레] ~사이에　(la) sed [쎋] 목마름
(el) miedo [미에도] 두려움　(el) sueño [쑤에뇨] 졸음, 꿈

연습문제 – 말하기

1 오늘의 핵심 문장 듣고 따라 읽기

① Voy al trabajo en metro.   (저는) 지하철로 회사(직장)에 가요.

② ¿Qué haces mañana?   (너는) 내일 뭘 해?

③ Hago ejercicio por la tarde.   (저는) 오후에 운동을 해요.

④ Lola viene a mi casa.   Lola가 저의 집에 와요.

⑤ Salimos por la noche.   (우리는) 밤에 나가 놀 거예요.

2 핵심 문법 문장 따라 읽기

① Tengo frío.   (저는) 추워요.

② Tengo mucho sueño.   (저는) 많이 졸려요.

③ Tengo un poco de calor.   (저는) 약간 더워요.

④ No tengo mucha hambre.   많이 배고프지는 않아요.

⑤ Tenemos mucha sed.   (우리는) 아주 목이 말라요.

3 핵심 관용표현 따라 읽기

① ¡Qué envidia!   부럽다!

② ¡Dios mío!   세상에! 맙소사!

③ Buen fin de semana.   좋은 주말 (보내세요).

연습문제 - 듣기

1 단어, 관용표현 듣고 받아쓰기

① _____

② _____

③ _____

④ _____

⑤ _____

2 잘 듣고 빈칸에 알맞은 단어를 써 넣으세요.

① ¿ _____ vas?

② Voy al parque _____ .

③ Vuelvo a casa _____ .

④ Hago ejercicio _____ .

⑤ ¡Buen _____ !

⑥ ¿ _____ mucho?

⑦ ¿Qué _____ normalmente los _____ de semana?

⑧ _____ un poco de _____ .

> **단어**
>
> (el) parque [빠르께] 공원

연습문제 - 쓰기

1 따라 쓰고 읽어 보기

① Voy al trabajo en autobús.

② ¿Qué haces ahora?

③ Quiero una cerveza.

④ Tengo mucha hambre.

⑤ No tengo mucho frío.

2 문장 작문하기

TIP 다시 한번 체크해 봐요!
- 인칭에 맞게 동사변형을 하였나요?
- 의문문에서 적절한 의문사를 문장의 가장 앞에 써주었나요?
- 시간부사와 위치부사는 정확하게 적어주었나요?

① 너희들은 어디에 가니?

② 너는 오늘 밤에 (놀러) 나가니?

③ 그들은 보통 방에서 잠을 자요.

④ 너는 덥지 않니?

⑤ 저는 아주 더워요, 그래서 조금 목이 말라요.

⑥ (우리는) 내일 모레 한국으로 돌아가요.

단어

por eso [뽀르 에쏘] 그래서   pasado mañana [빠싸도 마냐나] 내일 모레

 문화

Gastronomía latinoamericana
[가스뜨로노미아 라티노아메리까나]

중남미 음식

México : 진정한 국민 간식 Tamales

멕시코 음식으로 타코와 부리또밖에 모르는 분들은 가장 멕시코스러운 전통음식 '따말'을 먹어 봐야 해요. 멕시코의 주식인 옥수수로 만든 반죽에 치즈와 다진 고기를 넣고 옥수수 껍질에 싸서 쪄낸 요리인데요, 멕시코 사람들은 아침 식사로 주로 따말을 먹는다 하죠. 우리나라의 떡과도 비슷한 국민 간식이에요.

Colombia : 고열량 한끼 식사 Bandeja paisa

콜롬비아 제 2의 도시인 메데진에 그 뿌리를 두고 있는 이 요리는 고기가 들어간 콩 요리와 튀긴 삼겹살(껍데기 포함), 바나나 튀김, 소시지, 간 소고기 등을 밥과 함께 먹는 음식인데요, 특별한 소스가 있기보다는 소금 간으로 맛을 냈기에 우리에겐 다소 밋밋한 느낌일지 모르지만 콜롬비아 사람들에겐 콜롬비아를 상징하는 음식이라 할 수 있어요.

Perú : 페루식 물회? Cebiche

중남미에서는 육식을 즐겨 하는 지역이 더 많지만, 페루에서는 생선을, 그것도 날 것으로 레몬즙에 절여 만든 세비체를 즐겨 먹는답니다. 레몬즙(혹은 라임즙)과 고수(cilantro), 양파, 고추 등의 강렬한 맛이 생생하게 살아있는 게 특징인데, 예전에는 해산물을 술에 절여 먹던 데서 기원했다고 해요!

Chile : 중남미식 만두 Empanada

칠레뿐 아니라 중남미 전역에서, 그리고 스페인에서도 '엠빠나다'라는 이름의 음식은 다 인기이지만 세계적으로 가장 많이 대중화되고 가장 즐겨먹는 지역이 칠레인데요, 밀가루 반죽 안에 다진 고기, 소시지, 베이컨, 삶은 달걀, 양배추, 버섯 등 다양한 음식을 채워 넣어 구운 것이, 우리의 만두와 비슷한 요리예요. 우리나라 사람들 입맛에도 아주 잘 맞는 간식이랍니다.

Argentina : 정직한 이름 Choripan

소시지를 스페인어로 chorizo라고 하는데요, 이름에서 알 수 있듯이 Choripan은 빵 사이에 소시지를 넣은 아르헨티나식 소시지 샌드위치예요. 야채와 소스를 넣기도 하지만 소시지 육즙과 빵의 풍미만으로도 깊은 맛을 내는 아르헨티나 사람들의 영혼의 간식이라 할 수 있지요.

단어

(la) bandeja [반데하] 쟁반　　(el) cilantro [씰란뜨로] 고수　　(el) pan [빤] 빵　　(el) chorizo [초리쏘] 소시지

7

멕시코로 여행하고 싶어요.
Quiero viajar a México.

여러 가지 조동사

동사 두 개를 합쳐서 다양한 표현을 만드는 방법을 알아보도록 할 거예요. 마치 영어의 조동사처럼 일상 생활에서 많이 사용되는 표현들을 쓸 수 있게 될 거예요.

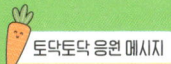 토닥토닥 응원 메시지

Al mal tiempo, buena cara. "항상 긍정적인 맘으로!"
조금 어려울 수도 있고, 뜻대로 되지 않을 때도 있을 거예요. 하지만 그럴 때일 수록 늘 웃는 얼굴로, 긍정적인 맘으로 함께 헤쳐 나가 보아요!

6과 복습

1 다음 단어들을 올바른 어순으로 나열해 보세요.

① al | metro | voy | Yo | trabajo | en

_____

② hambre | Mi | tiene | mucha | amiga | no

_____

2 주어진 동사를 인칭에 맞게 변형해 보고 해석해 보세요.

① Nosotras _____ (salir) esta noche.

② Los estudiantes _____ (dormir) ocho horas al día.

③ ¿Qué _____ (hacer, tú) los fines de semana?

④ Tamara _____ (오다) de la escuela.

3 다음 문장을 완성해 보세요.

① (너) 어디에 가니?   ¿_____ vas?

② (너는) 여기에서 보통 뭘 주문해?   ¿Qué _____ normalmente aquí?

③ 저는 주말에 주로 놀러 나가요.   Yo _____ normalmente.

④ 저는 목이 많이 말라요.   Yo tengo _____ sed.

4 알맞은 단어나 관용표현을 연결시키고, 다섯 번씩 읽어 보세요.

맙소사! 오 마이 갓   •   •   ¡Buen fin de semana!

부러워라!   •   •   ¡Dios mío!

밤에   •   •   ¡Qué envidia!

좋은 주말 (보내세요)   •   •   por la noche

02 단어

poder	뽀데르	할 수 있다
limpiar	림삐아르	청소하다
verano	베라노	여름 m
viajar	비아하르	여행하다
ventana	벤따나	창문 f
claro/a(s)	끌라로	맑은, 명확한
medio/a	메디오	반의, 반절의
cuarto	꽈르또	4분의 1, 4번째의
algo	알고	어떤 것, 무엇인가
llamar	야마르	부르다, 전화걸다
mamá	마마	엄마 f
por qué	뽀르 께	왜 (의문사)
viaje	비아헤	여행 m
cuándo	꽌도	언제
ahí	아이	거기, 그곳
mes	메스	월, 달 m
porque	뽀르께	왜냐하면
dinero	디네로	돈 m
trabajar	뜨라바하르	일하다
año	아뇨	해, 년 m
juntos	훈또스	함께
pena	뻬나	슬픔, 괴로움 f
ánimo	아니모	활력, 힘 m

 **문장**

조동사 활용 문장

Tengo que estudiar español. 저는 스페인어를 공부해야만 해요.

Voy a salir con mis amigos. (나는) 나의 친구들과 나갈 거야.

Vamos a salir al parque. (우리는) 공원으로 나갈 거야.

Quiero viajar a México. (저는) 멕시코로 여행을 하고 싶어요.

¿Puedo abrir la ventana? 창문을 열어도 될까요?

시간 표현

¿Qué hora es? / ¿Qué horas son? 몇 시인가요?

Es la una. 1시예요.

Son las dos. 2시예요.

Son las cinco y media. 5시 반이에요.

Como a las siete. (저는) 7시에 밥을 먹어요.

¿A qué hora vas a la escuela? (너는) 몇 시에 학교에 가니?

 **문법**

> **동사 + 동사**

두 개의 동사를 합쳐서 사용할 때는 두 번 다 동사변형을 할 필요 없이 '동사변형 + 동사원형'의 형태로 활용해 줄 거예요.

tener que + 동사원형 : ~해야 한다 (의무)

Tengo que estudiar español.   저는 스페인어를 공부해야만 해요.
Tienes que estudiar español.   너는 스페인어를 공부해야만 해.
Tiene que estudiar español.   그/그녀/당신은 스페인어를 공부해야만 해요.
Tenemos que estudiar español.   우리는 스페인어를 공부해야만 해요.
Tenéis que estudiar español.   너희는 스페인어를 공부해야만 해.
Tienen que estudiar español.   그들/그녀들/당신들은 스페인어를 공부해야만 해요.

ir a + 동사원형 : ~할 것이다 (미래)

Voy a estudiar español.   저는 스페인어를 공부할 거예요.
¿Vas a estudiar español?   너는 스페인어를 공부할 거니?
Va a estudiar español.   그/그녀/당신은 스페인어를 공부할 거예요.
Vamos a estudiar español.   우리는 스페인어를 공부할 거예요.
¿Vais a estudiar español?   너희는 스페인어를 공부할 거니?
Van a estudiar español.   그들/그녀들/당신들은 스페인어를 공부할 거예요.

문법

동사 + 동사

querer + 동사원형 : ~하고 싶다 (희망)

Quiero estudiar español.   저는 스페인어를 공부하고 싶어요.
¿Quieres estudiar español?   너는 스페인어를 공부하고 싶니?
Quiere estudiar español.   그/그녀/당신은 스페인어를 공부하고 싶어 해요.
Queremos estudiar español.   우리는 스페인어를 공부하고 싶어 해요.
¿Queréis estudiar español?   너희는 스페인어를 공부하고 싶니?
Quieren estudiar español.   그들/그녀들/당신들은 스페인어를 공부하고 싶어 해요.

poder + 동사원형 : ~할 수 있다 (능력, 허락)

poder 할 수 있다 〈 o → ue 불규칙 변형 〉					
yo	puedo	él, ella, Ud.	puede	vosotros	podéis
tú	puedes	nosotros	podemos	ellos, ellas, Uds.	pueden

Puedo estudiar español.   저는 스페인어를 공부할 수 있어요.
¿Puedes estudiar español?   너는 스페인어를 공부할 수 있니?
Puede estudiar español.   그/그녀/당신은 스페인어를 공부할 수 있어요.
Podemos estudiar español.   우리는 스페인어를 공부할 수 있어요.
¿Podéis estudiar español?   너희는 스페인어를 공부할 수 있니?
Pueden estudiar español.   그들/그녀들/당신들은 스페인어를 공부할 수 있어요.

문법

다양한 조동사를 활용하여 질문하고 답하기

tener que + 동사원형

- **A** ¿Qué tienes que hacer ahora?   (너는) 지금 뭘 해야 하니?
  B Tengo que limpiar mi habitación.   (나는) 내 방을 청소해야 해.

ir a + 동사원형

- **A** ¿Qué vas a hacer mañana?   (너는) 내일 뭘 할 거니?
  B Voy a salir con mis amigos.   (나는) 나의 친구들과 나갈 거야.
  A ¿Adónde vais a salir?   (너희는) 어디로 나갈 건데?
  B Vamos a salir al parque.   (우리는) 공원으로 나갈 거야.

querer + 동사원형

- **A** ¿Qué quieres hacer este verano?   (너는) 이번 여름에 뭘 하고 싶어?
  B Quiero viajar a México.   (나는) 멕시코로 여행을 하고 싶어.
  Y quiero bailar salsa ahí.   그리고 거기에서 살사를 추고 싶어.

poder + 동사원형

- **A** ¿Puedo abrir la ventana? Tengo calor.   창문을 열어도 될까요? (나는) 더워요.
  B Claro que sí.   물론이죠.

 핵심 문법 포인트

상대방의 질문에 Claro que sí로 '물론 그렇다'라는 긍정의 표현을, Claro que no로 '물론 그렇지 않다'라는 부정의 표현을 할 수 있어요.

 **문법 플러스**

시간 표현

현재 시간 묻고 답하기 "몇 시입니까?", "~시입니다"

현재의 시간을 묻고 답할 때는 특정한 시간을 묘사하는 것이기 때문에 '~이다'의 뜻을 가진 ser 동사를 활용해요.

- Q ¿Qué hora es? / ¿Qué horas son?   몇 시인가요?

- A Es la una. / Son las dos.   1시예요. / 2시예요.
    Son las ocho y veinte.   8시 20분이에요.
    Son las cinco y media.   5시 반이에요.
    Son las once y cuarto.   11시 15분이에요.

- 반을 의미하는 단어 media(여성형)는 시간 단위에서 30분을 의미해요.
- 1/4을 의미하는 단어 cuarto는 15분을 의미해요.

시간부사 표현하기 "~시에"

특정 시간을 부사로 활용하여 사용할 때는 전치사 'a'와 함께 시간을 표현해요.

¿A qué hora comes?   (너는) 몇 시에 밥을 먹니?

Como a las siete.   (나는) 7시에 밥을 먹어.

¿A qué hora vas a la escuela?   (너는) 몇 시에 학교에 가니?

Voy a la escuela a las ocho de la mañana.   (나는) 오전 8시에 학교에 가.

 핵심 문법 포인트

시간은 단수의 시간(1시) 혹은 복수의 시간(2시 이후)이 가능하기 때문에 ser 동사의 3인칭 단수인 es와 3인칭 복수인 son을 사용해요. 시간을 표현할 때는 여성명사 hora가 숨어 있기 때문에 정관사 la/las 와 함께 숫자를 써줘야 해요.

08 플러스 표현

Días y Meses

시간 표현을 배울 때 필수적인 요일 이름과 달의 이름도 외워놓도록 할게요.

월, 달	mes
1월	enero
2월	febrero
3월	marzo
4월	abril
5월	mayo
6월	junio
7월	julio
8월	agosto
9월	septiembre
10월	octubre
11월	noviembre
12월	diciembre

주		semana
월요일		lunes
화요일		martes
수요일		miércoles
목요일	(el / los)	jueves
금요일		viernes
토요일		sábado(s)
일요일		domingo(s)

- 단수 정관사 el과 요일 이름을 쓰면 '~요일에'라는 시간부사가 돼요.
- 복수 정관사 los와 요일 이름을 쓰면 '~요일마다'라는 시간부사가 돼요.
- 달 이름 앞에 전치사 en을 넣으면 '~월에'라는 표현으로 쓸 수 있어요.

챙겨가자 꿀표현 - 여행 시 만능 표현 Por favor

Por favor는 '호의로서'라는 뜻으로 상대방에게 정중하게 부탁할 때 붙여주는 표현이에요. 문장 앞이나 뒤에 붙여줄 수도 있지만 단순하게 명사와 함께 붙여 써서 간단한 표현들이 가능해요.

Por favor. 부탁해요, 제발
La cuenta, por favor. 계산서 부탁해요. (주세요)
Una cerveza, por favor. 맥주 한 잔 부탁해요. (주세요)
Otra vez, por favor. 다시 한번 부탁해요. (말해 주세요)

단어

(la) cuenta [꾸엔따] 계산서   otro/a(s) [오뜨로/라] 다른   (la) vez [베스] 번, 회, 차례

회화

Andrés   Hola, Tamara, ¿tienes que hacer algo ahora?

Tamara   Sí, tengo que llamar a mi mamá.

Andrés   ¿Por qué?

Tamara   Voy a hablar de mi viaje a México.

Andrés   ¿Cuándo quieres ir ahí?

Tamara   Quiero viajar a México el mes que viene.
             ¿Y tú? ¿Tú también vas a viajar este verano?

Andrés   No puedo viajar porque no tengo mucho dinero.
             Tengo que trabajar todo el año.

Tamara   ¡Ay, no! Vamos a viajar juntos.

Andrés   Perdón, Tamara. No puedo.

Tamara   ¡Qué pena! ¡Ánimo!

회화 해설

본문을 소리 내어 5번 읽고 아래와 같이 동그라미 해주세요!

Andrés Hola, Tamara, ¿tienes que hacer algo ahora?
안녕 타마라! 지금 뭔가를 해야 하니?

> algo는 특정되지 않은 '무엇인가'를 해야 하는지 묻는 표현에서 사용돼요.

Tamara Sí, tengo que llamar a mi mamá.
응, 엄마한테 전화해야 해.

> a : 사람이 목적어로 쓰이는 경우 목적어가 되는 사람 앞에 a를 붙여줘야 해요.

Andrés ¿Por qué?
왜?

Tamara Voy a hablar de mi viaje a México.
멕시코 여행에 대해 이야기할 거야.

> hablar de는 '~에 대해 이야기하다'라는 표현이에요.
> viaje a... ~로 가는 여행

Andrés ¿Cuándo quieres ir ahí?
언제 거기에 가고 싶은데?

> ahí 거기, 거기로

Tamara Quiero viajar a México el mes que viene.
다음 달에 멕시코로 여행하고 싶어.

¿Y tú? ¿Tú también vas a viajar este verano?
너는? 너도 이번 여름에 여행할 거니?

> el mes que viene : 다음 달에
> que viene가 '오는'이라는 뜻으로 앞에 있는 mes를 꾸며주고 있어요.
> este verano 이번 여름(에)

Andrés No puedo viajar porque no tengo mucho dinero.
여행할 수가 없어. 왜냐면 돈이 많이 없거든...

Tengo que trabajar todo el año.
난 일년 내내 일해야 해.

> porque 왜냐하면
> por qué와 발음은 같으나 의미가 다르니 유의해 주세요.
> todo el año '일년 내내'라는 시간 표현이에요.

Tamara ¡Ay, no! Vamos a viajar juntos.
안 돼! 함께 여행하자!

> Ay는 '아야!' 정도의 탄식을 나타내는 표현으로 스페인어권에서 자주 쓰이는 추임새랍니다.

Andrés Perdón, Tamara. No puedo.
미안해, 타마라. 그럴 수가 없네.

Tamara ¡Qué pena! ¡Ánimo!
아쉽다! 힘내!

> ¡Qué pena! 아쉽다!
> Ánimo는 '활력'이라는 뜻의 명사로 '화이팅', '힘내' 라는 표현이에요.

패턴 플러스 ...que viene 에 쓰인 'viene'는 venir 동사의 3인칭 단수 인칭변형이에요. 직역하면 '오는 주', '오는 달', '오는 해'라는 의미이니까 다가오는 '다음 주', '다음 달', '내년'을 의미하게 돼요.

 07-05

1 Yo quiero viajar a México A. 미래 시점을 나타내는 시간 부사들

Yo quiero viajar a México

mañana	저는 내일 멕시코로 여행하고 싶어요.
pasado mañana	저는 내일 모레 멕시코로 여행하고 싶어요.
la semana que viene	저는 다음 주에 멕시코로 여행하고 싶어요.
el mes que viene	저는 다음 달에 멕시코로 여행하고 싶어요.
el año que viene	저는 내년에 멕시코로 여행하고 싶어요.

- antes de 동사원형 : ~하기 전에
- después de 동사원형 : ~한 후에

2 Yo voy a pasear A. 다양한 시간표현 활용하기

Yo voy a pasear

antes de dormir	저는 잠 자기 전에 산책할 거예요.
antes de ir a casa	저는 집에 가기 전에 산책할 거예요.
después de comer	저는 밥 먹은 후에 산책할 거예요.
después de salir	저는 나간 후에 산책할 거예요.

3 Voy a ver la película A. 시간표현 패턴연습

Voy a ver la película

a las tres	(저는) 3시에 영화를 볼 거예요.
a la una y media	(저는) 1시 반에 영화를 볼 거예요.
a las nueve de la noche	(저는) 밤 9시에 영화를 볼 거예요.
a la una de la madrugada	(저는) 새벽 1시에 영화를 볼 거예요.
a las doce en punto	(저는) 12시 정각에 영화를 볼 거예요.

단어

pasear [빠세아르] 산책하다 **antes** [안떼스] 앞의, 전에 **después** [데스뿌에스] 다음의, 후에 **ver** [베르] 보다(1인칭 현재시제 불규칙 veo)
(la) película [뻴리꿀라] 영화 **(la) madrugada** [마드루가다] 새벽 **(el) punto** [뿐또] 점 **en punto** [엔 뿐또] 정각에

연습문제 – 말하기

1 오늘의 핵심 문장 듣고 따라 읽기

① Quiero viajar a México.　(저는) 멕시코로 여행하고 싶어요.

② Tengo que estudiar español.　(저는) 스페인어를 공부해야 해요.

③ Voy a salir con mis amigos.　(저는) 친구들과 나갈 거예요.

④ ¿Qué quieres hacer?　(너는) 뭘 하고 싶니?

⑤ ¿Puedo abrir la ventana?　(제가) 창문을 열어도 될까요?

2 핵심 문법 문장 따라 읽기

① ¿Qué hora es?　(지금) 몇 시인가요?

② Son las dos y media.　(지금) 2시 반이에요.

③ ¿A qué hora comes normalmente?　(너는) 보통 몇 시에 밥을 먹어?

④ Voy a la escuela a las ocho.　(저는) 8시에 학교에 가요.

3 핵심 관용표현 따라 읽기

① ¡Qué pena!　아쉽다!

② ¡Claro que sí!　물론 그렇지!

③ ¡Ánimo!　힘내! 화이팅!

④ ¿Por qué?　왜?

연습문제 - 듣기

1 단어, 관용표현 듣고 받아쓰기

① _____
② _____
③ _____
④ _____
⑤ _____

2 잘 듣고 빈칸에 알맞은 단어를 써 넣으세요.

① ¿_____ que hacer algo _____?
② _____ a viajar juntos.
③ No _____ viajar.
④ ¿Qué _____ a hacer _____?
⑤ Voy a pasear _____ dormir.
⑥ _____ ir a Argentina el año _____.
⑦ ¿A qué _____ empieza la película?
⑧ Voy a ver la película ____ las doce ____ la noche.

단어

Argentina [아르헨띠나] 아르헨티나   empezar [엠뻬싸르] 시작하다 (ie 불규칙)

 **연습문제 – 쓰기**

1 따라 쓰고 읽어 보기

❶ Quiero viajar a México.

❷ Voy a tomar café con mi novio.

❸ Voy a ver la película a las doce.

❹ Es la una en punto.

❺ Vamos a volver a las nueve y media.

2 문장 작문하기

TIP 다시 한번 체크해 봐요!
- 인칭 변형하는 동사와 원형의 동사를 잘 구분하였나요?
- 인칭에 맞게 동사변형은 잘 이뤄졌나요?
- 시간부사와 위치부사는 정확하게 적어주었나요?

❶ 너는 어디에 가고 싶니?

❷ 저는 음악을 듣고 싶어요.

❸ 그 선생님은 이 집에서 살 거예요.

❹ 저는 여기에서 잘 수 없어요.

❺ Tamara는 공부한 후에 집에 돌아가야 해요.

❻ (너는) 몇 시에 커피를 마시니?

단어

(el/la) novio/a [노비오/아] 남자친구/여자친구   escuchar [에스꾸차르] 듣다   (la) música [무씨까] 음악   escuchar música 음악을 듣다

Café colombiano
[카f페 꼴롬비아노]

콜롬비아 커피

정열과 살사의 나라, 미인들의 나라, 축구 등 콜롬비아를 대표하는 여러 가지 키워드들이 있지만 그 중 우리의 머릿속에서 가장 먼저 떠오르는 건 아마도 콜롬비아 커피가 아닐까 해요. 커피에 대해 잘 모르는 사람들도 아라비카 원두의 대표 산지, 콜롬비아가 커피로 유명하다는 건 알테니까요.

물론 생산량으로는 같은 남미의 브라질이 최고이지만 품질면에서는 세계 최고를 자랑하는 콜롬비아의 커피는 안데스산맥의 고산지대에서 열악한 환경을 뚫고 재배되어 특유의 풍미가 뛰어난 것이 특징이에요. 따라서 콜롬비아 사람들은 커피에 대한 자부심이 대단해서, 우리가 에티오피아, 브라질, 베트남 원두를 두고 고민할 때 이들은 자국 내 어느 지역에서 재배된 원두를 선택할 것인가를 고른다고 하죠.

콜롬비아 내에서도 Medellín, Armenia, Manizales 이 세 지역에서 양질의 커피를 많이 생산하는데 이 지역들의 앞글자를 따서 MAM's라는 레이블 자체가 세계적인 품질을 보증하는 브랜드가 되었다고 해요. 따라서 세계를 지배하고 있는 스타벅스 커피가 힘을 잘 쓰지 못하는 거의 유일한 나라라고 하네요. 대신 콜롬비아의 토종 프랜차이즈가 강세인데 그 중에서도 Juan Valdez라는 브랜드의 커피숍이 가장 대중적으로 잘 알려져 있어요.

콜롬비아에서 커피란 우리나라나 미국의 문화에서처럼 바쁜 현대인들의 아침을 깨우는 한 잔의 카페인이 아닌 친구들, 가족들과 함께 시간을 보내는 친근한 음료예요. 콜롬비아에서 커피 수요가 오후 4시에서 8시 사이에 가장 많은 걸 보면 알 수 있죠.

우리도 콜롬비아를 여행하게 된다면 세계 최고의 원두로 만든 커피와 함께 그들만의 한가한 커피 문화를 즐겨 보면 좋겠어요.

단어

- colombiano/a [꼴롬비아노/나] 콜롬비아의, 콜롬비아인
- (el) grano [그라노] 커피 콩, 원두
- (la) cafetería [까f페떼리아] 커피숍

8

커피를 마시고 있어요.
Estoy tomando café.

현재진행형

현재시제가 일반적, 습관적인 행동을 다룰 때 주로 쓰는 시제라면, 바로 지금 하고 있는 일은 어떻게 표현하면 될까요? 영어의 'Be + -ing' 형태처럼 스페인어에도 현재진행형이 존재해요. 일상생활에서 아주 많이 쓰이는 이 표현을 어떻게 활용하는지 한번 알아볼게요.

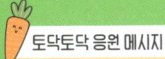 **토닥토닥 응원 메시지**

Querer es poder. "간절히 원하면 할 수 있어요."
어떤 일이든 여러분이 지금 스페인어를 공부하고 있는 것처럼 진심으로 원한다면 다 해낼 수 있을 거예요. 유용한 표현들을 다양하게 익혀 외국인 친구들과 사용하게 될 수 있을 그때를 상상하며 오늘도 힘내자구요!

7과 복습

1 다음 단어들을 올바른 어순으로 나열해 보세요.

① español | que | estudiar | Yo | tengo

_____

② México | Quiero | el | viene | mes | viajar | que | a

_____

2 주어진 동사를 인칭에 맞게 변형하고 해석해 보세요.

① Andrés _____ (querer) salir y beber toda la noche.

② No _____ (poder, yo) dormir porque tengo hambre.

③ ¿Qué _____ (tener, tú) que hacer después de la clase?

④ _____ (할 것이다, yo) comer en ese restaurante.

3 다음 문장을 완성해 보세요.

① (지금) 몇 시인가요?　　　　¿_____ _____ es?

② (지금은) 1시 반이에요.　　　Es _____ una y _____.

③ 저는 살사를 추고 싶어요.　　Yo _____ _____ salsa.

④ (너는) 몇 시에 학교에 가니?　¿_____ qué _____ vas a la escuela?

4 알맞은 단어나 관용표현을 연결시키고, 다섯 번씩 읽어 보세요.

부탁해요　　　　•　　　　•　¡Qué pena!

아쉽다! 안타까워!　•　　　　•　¡Ánimo!

물론 그렇지　　　•　　　　•　Por favor.

힘내!　　　　　•　　　　•　Claro que sí.

단어

agua	아구아	물	f 발음 때문에 단수정관사 el로 표기
cantar	깐따르	노래하다	
mentir	멘띠르	거짓말하다	ie불규칙
decir	데씨르	말하다	1인칭-go, i 불규칙
idioma	이디오마	언어 m	
hermano/a	에르마노	남자형제/여자형제 m f	
cenar	쎄나르	저녁식사 하다	
siempre	씨엠쁘레	항상, 언제나	
pasar	빠싸르	지나가다, 건네주다	
palomita	빨로미따	팝콘 f	
tiempo	띠엠뽀	시간, 날씨 m	
fresco	f프레스꼬	서늘함, 시원함 m	
sol	쏠	태양 m	
malo/a(s)	말로	나쁜	
caluroso/a(s)	깔루로쏘	뜨거운, 더운	
templado/a(s)	뗌쁠라도	따뜻한, 온화한	
nublado/a(s)	누블라도	구름 낀, 흐린	
húmedo/a(s)	우메도	습한	
seco/a(s)	쎄꼬	건조한, 마른	
llover	요베르	비오다	o→ue
nevar	네바르	눈오다	e→ie
cocinar	꼬씨나르	요리하다	
delicioso/a(s)	델리씨오쏘	맛있는	
televisión (tele)	뗄레비씨온	텔레비전 f	
interesante(s)	인떼레싼떼	흥미로운, 재밌는	
perezoso/a	뻬레쏘쏘	게으른	

 **문장**

현재진행형 인칭별 문장

Estoy tomando café.   저는 커피를 마시고 있어요.

Estás tomando café.   너는 커피를 마시고 있구나.

Está tomando café.   그/그녀/당신은 커피를 마시고 있어요.

Estamos tomando café.   우리는 커피를 마시고 있어요.

Estáis tomando café.   너희는 커피를 마시고 있구나.

Están tomando café.   그들/그녀들/당신들은 커피를 마시고 있어요.

핵심문장

Estoy comiendo pasta.   (나는) 파스타를 먹고 있어.

Estoy hablando coreano.   (나는) 한국어를 말하고 있어.

Está durmiendo ahora.   (그는) 자고 있어.

Estoy en casa cenando.   (나는) 저녁식사 하면서 집에 있어.

Hace calor.   (날씨가) 더워요.

Hace frío.   (날씨가) 추워요.

 **문법**

현재진행형

현재 하고 있는 행동을 묘사하는 현재진행형은 상태를 나타내는 estar 동사와 함께 '~하고 있는', '~하면서'의 의미를 가진 현재분사를 활용해줘야 해요.

estar		현재분사 어미변형	
yo	estoy	-ar	-ando
tú	estás		
él, ella, Ud.	está		
nosotros	estamos	-er/-ir	-iendo
vosotros	estáis		
ellos, ellas, Uds.	están		

estar + 현재분사 : ~하고 있다

Estoy tomando café.   저는 커피를 마시고 있어요.

Estás tomando café.   너는 커피를 마시고 있구나.

Está tomando café.   그/그녀/당신은 커피를 마시고 있어요.

Estamos tomando café.   우리는 커피를 마시고 있어요.

Estáis tomando café.   너희는 커피를 마시고 있구나.

Están tomando café.   그들/그녀들/당신들은 커피를 마시고 있어요.

 핵심 문법 포인트

현재진행형에서의 현재분사(-ando/-iendo) 형태는 '~하고 있는', '하면서'의 의미만을 나타내기 때문에 반드시 '상태'를 나타내는 동사 estar 동사와 함께 써주어야 해요.

문법

현재분사의 기타 활용

❶ 문장 + 현재분사 : ~하면서 ~한다 (부사구로 활용)

Hago ejercicio tomando agua.　(저는) 물을 마시면서 운동을 해요.

Hago ejercicio escuchando música.　(저는) 음악을 들으면서 운동을 해요.

Hago ejercicio cantando.　(저는) 노래하면서 운동을 해요.

❷ 현재분사 불규칙 변형

동사원형	의미	현재분사	동사원형	의미	현재분사
dormir	자다	durmiendo	ir	가다	yendo
poder	할 수 있다	pudiendo	leer	읽다	leyendo
pedir	주문하다	pidiendo	mentir	거짓말하다	mintiendo
venir	오다	viniendo	decir	말하다	diciendo

Yo estoy pidiendo una cerveza.　(저는) 맥주 하나를 주문하고 있어요.

Tú estás mintiendo.　(너는) 거짓말하고 있어.

Él come leyendo libros.　(그는) 책을 읽으면서 밥을 먹어요.

문법

현재 분사를 활용하여 질문하고 답하기

❶ estar + 현재분사 : ~하고 있다

- A ¿Qué estás haciendo? (너는) 뭘 하고 있니?
  B Estoy comiendo pasta. (나는) 파스타를 먹고 있어.

- A ¿Qué estás haciendo? (너는) 뭘 하고 있니?
  B Estoy leyendo un libro. (나는) 책을 한 권 읽고 있어.

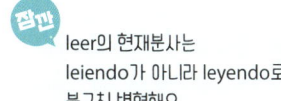

leer의 현재분사는 leiendo가 아니라 leyendo로 불규칙 변형해요.

- A ¿Qué idioma estás hablando? (너는) 무슨 언어를 말하고 있니?
  B Estoy hablando coreano. (나는) 한국어를 말하고 있어.

- A ¿Qué está haciendo tu hermano? 너의 남자 형제는 뭘 하고 있어?
  B Está durmiendo ahora. (그는) 지금 자고 있어.

- A ¿Qué estáis haciendo? (너희들은) 뭘 하고 있어?
  B Estamos yendo a la playa. (우리들은) 해변에 가고 있어.

❷ 문장 + 현재분사 : ~하면서 ~한다 (부사구로 활용)

- A ¿Cómo estudias español? (너는) 어떻게 스페인어를 공부하니?
  B Estudio español hablando con los amigos de España. (나는) 스페인 친구들과 이야기하며 스페인어를 공부해.

- A ¿Dónde estás? (너는) 어디에 있어?
  B Estoy en casa cenando. (나는) 저녁식사 하면서 집에 있어.

- A Siempre veo películas comiendo palomitas. (나는) 항상 팝콘을 먹으면서 영화를 봐.
  B Yo también veo películas comiendo algo. 나도 뭔가를 먹으면서 영화를 봐.

문법 플러스

날씨 표현

hacer 동사의 활용

여러 가지 다양한 날씨를 만드는 명사를 활용하여 hace(만들다, hacer 동사의 3인칭 단수)와 함께 표현해요.

- Q ¿Qué tiempo hace? 어떤 날씨를 만드나요? → (지금) 날씨가 어떤가요?

  A Hace calor. (날씨가) 더워요.
  Hace mucho calor. (날씨가) 많이 더워요.
  Hace frío. (날씨가) 추워요.
  Hace un poco de frío. (날씨가) 조금 추워요.
  Hace fresco. (날씨가) 선선해요.
  Hace sol. (날씨가) 맑아요.
  Hace buen tiempo. 날씨가 좋아요.
  Hace mal tiempo. 날씨가 나빠요.

 '날씨'를 의미하는 단어는 tiempo라는 단어를 활용해요.

핵심 문법 포인트
hace 뒤에 나오는 단어들은 명사이기 때문에 이 단어들을 꾸며줄 때 mucho, un poco de의 형태로 꾸며줘야 해요. muy나 un poco로 쓰지 않도록 유의해 주세요.

estar 동사의 활용

상태를 나타내는 estar 동사와 날씨를 나타내는 형용사를 활용해서 날씨를 표현해요.

- Q ¿Qué tiempo hace? 어떤 날씨를 만드나요? → (지금) 날씨가 어떤가요?

  A Está caluroso. 더워요.
  Está muy caluroso. 많이 더워요.
  Está nublado. 흐려요, 구름 꼈어요.
  Está un poco nublado. 약간 흐려요, 구름 꼈어요.
  Está húmedo/seco. 습해요/건조해요.

핵심 문법 포인트
'estar + 형용사'의 패턴에서 형용사를 수식할 때는 muy와 un poco를 써주는 것을 잊지 말아요.

기상 현상 동사의 활용

그 밖에 '비 오다', '눈 오다' 등 기상 현상을 직접 표현하는 동사도 있어요.

Llueve mucho en Inglaterra. 영국에는 비가 많이 와요.
Nieva mucho en Japón. 일본에는 눈이 많이 와요.

플러스 표현

스페인어 강세규칙 플러스

기본적인 강세규칙을 알고도 헷갈릴 수 있는 경우 어떻게 적용하는지 살펴보아요.

❶ 기본 강세규칙
- 모음으로 끝나는 단어: 끝에서 두 번째 음절에 강세가 들어가요.
- 자음 중 n, s로 끝나는 단어: 끝에서 두 번째 음절에 강세가 들어가요.
- 기타 자음으로 끝나는 단어: 마지막 음절에 강세가 들어가요.

❷ 두 개의 모음이 겹쳐 쓰이는 경우의 음절 구분
- 모음은 강모음 a, e, o와 약모음 i, u로 구분돼요.
- 강모음 a, e, o는 각각 다른 음절로 취급해요.

  | leemos → le/e/mos 레에모스 | paseo → pa/se/o 빠쎄오 | empleado → em/ple/a/do 엠쁠레아도 |

- 강모음 + 약모음은 한 음절로 취급하고, 강세는 자동으로 강모음에 들어가요.

  | comiendo → co/mien/do 꼬미엔도 | treinta → trein/ta 뜨레인따 |

- 약모음에 강세가 들어가게 하려면 tilde를 꼭 찍어줘야 해요.

  | aún → a/ún 아운 | país → pa/ís 빠이스 |

- 약모음 + 약모음인 경우 한 음절로 취급하되, 두 번째 약모음이 강세에 우선 순위가 있어요.

  | cuida → cui/da 꾸이다 | ruido → rui/do 루이도 |

챙겨가자 꿀표현 – "진짜?"

외국인들이 보기에 우리나라 사람들이 특히 이 표현을 많이 쓴다고 느낀다는 거 알고 계셨나요? 그래서인지 영어를 할때에도 Really?하고 되묻는 표현을 즐겨 쓰는데요. 그렇다면 스페인어로는 어떻게 표현할 수 있을까요?

¿De verdad? / ¿De veras?
진짜? 정말?

¿En serio?
진짜로? 정말로?

¿Realmente?
진짜?

- '레알?'이라는 표현을 사용하는 친구들에게 사실 정확한 표현은 '레알멘떼?'라고 알려주면 친구들에게 많이 사랑받을 수 있겠네요.

단어

(la) verdad [베르닫] 진실, 사실   (las) veras [베라스] (말의) 진실성

 회화

Andrés Hola, Sangmin. Soy yo, Andrés.

Sangmin ¿Cómo va todo, Andrés?

Andrés Todo bien, gracias. ¿Qué estás haciendo?

Sangmin Estoy yendo a casa de Tamara.
¿Quieres venir también?

Andrés No, gracias. Hace mucho frío hoy.

Sangmin Pero Tamara está cocinando algo delicioso.
¿Qué estás haciendo ahora?

Andrés Ahora estoy estudiando pero quiero ver una película comiendo palomitas.
Ahora está pasando una película interesante.

Sangmin Eres muy perezoso.

Andrés Jeje. ¡Buen día!

Andrés	Hola, Sangmin. Soy yo, Andrés. 안녕 상민! 나야, 안드레스.	**Soy yo** : '(바로) 나야' 처럼 자신의 신분을 밝힐 때는 인칭에 해당하는 ser 동사를 먼저, 인칭대명사를 이어서 써줘야 해요.
Sangmin	¿Cómo va todo, Andrés? 어떻게 지내, 안드레스?	**¿Cómo va todo?**는 '모든 것이 어떻게 가니?', '다 잘 되어 가니?' 묻는 안부표현이에요.
Andrés	Todo bien, gracias. ¿Qué estás haciendo? 다 좋아. 고마워. 뭐 하고 있어?	**Todo bien**은 2번처럼 안부를 묻는 질문에 동사 va 없이 묻거나 대답할 수 있어요. **¿Qué estás haciendo?**는 영어로 치면 'What are you doing?'에 해당하는 표현이니 꼭 외워두도록 해요.
Sangmin	Estoy yendo a casa de Tamara. 나는 타마라의 집에 가고 있어. ¿Quieres venir también? 너도 오고 싶니?	**ir** 동사의 현재분사는 yendo로 불규칙하게 변화해요.
Andrés	No, gracias. Hace mucho frío hoy. 고맙지만 사양할게. 오늘 많이 춥잖아.	**No, gracias**는 '고맙지만 사양할게'라고 완곡하게 거절하는 표현이에요. **Hace mucho frío** 날씨가 춥다
Sangmin	Pero Tamara está cocinando algo delicioso. 그렇지만 타마라가 뭔가 맛있는 걸 요리하고 있어. ¿Qué estás haciendo ahora? 지금 뭐하고 있어?	**algo** + 형용사는 '~한 무엇인가' 라는 뜻이에요.
Andrés	Ahora estoy estudiando pero quiero ver una película comiendo palomitas. 지금은 공부하고 있는데, 팝콘 먹으면서 영화 한 편 보고 싶어. Ahora está pasando una película interesante. 지금 흥미로운 영화가 한 편 나오고 있거든.	뒤에 있는 **comiendo**는 '먹으면서'라는 의미로 해석해요. 여기서는 현재진행형이 아니라, 앞의 문장을 꾸미는 부사의 역할이에요. 방송 등에서 특정 프로그램이 '나온다'는 의미로 **pasar** 동사 (지나가다)가 쓰여요.
Sangmin	Eres muy perezoso. 너 정말 게으르구나.	
Andrés	Jeje. ¡Buen día! 헤헤. 좋은 하루 보내!	형용사 **bueno**의 남성단수형이 명사보다 앞에서 명사를 수식할 때 o가 탈락하고 **buen**의 형태로 사용돼요. (día가 남성명사니까요.)

패턴 플러스

1. A B estudiando español. seguir 동사 불규칙변형 (e → i)

Yo	sigo		저는 계속 스페인어를 공부해요.
Tú	sigues		너는 계속 스페인어를 공부하는구나.
Él, Ella, Ud.	sigue	estudiando español	그/그녀/당신은 계속 스페인어를 공부해요.
Nosotros	seguimos		우리는 계속 스페인어를 공부해요.
Vosotros	seguís		너희는 계속 스페인어를 공부하는구나.
Ellos, Ellas, Uds.	siguen		그들/그녀들/당신들은 계속 스페인어를 공부해요.

잠깐 seguir는 '계속하다', '따라가다'의 뜻을 가진 동사인데 그 뒤에 현재분사, 형용사 등을 써줘서 '계속해서(여전히) ~하다', '계속(여전히) ~(형용사)하다'라는 의미로 활용해요.

2. Yo sigo A . Seguir + 현재분사 패턴연습

Yo sigo	escribiendo la carta	저는 계속(여전히) 편지를 써요.
	trabajando en ese restaurante	저는 계속(여전히) 그 음식점에서 일해요.
	viviendo en Corea	저는 계속(여전히) 한국에 살아요.
	tocando la guitarra en un grupo de música	저는 계속(여전히) 밴드에서 기타를 연주해요.

3. Yo sigo A . Seguir + 형용사구 (형용사나 형용사처럼 쓰일 수 있는 구)

Yo sigo	enfermo/a	저는 여전히 아파요.
	muy ocupado/a	저는 여전히 아주 바빠요.
	con ella	저는 여전히 그녀와 함께 있어요. (그녀와 아직 사귀는 사이예요)
	en Francia	저는 여전히 프랑스에 있어요.

단어

seguir [쎄기르] 계속하다, 따라가다   (la) carta [까르따] 편지, 엽서   tocar [또까르] 치다, 만지다, (악기를) 연주하다   (la) guitarra [기따라] 기타
(el) grupo [그루뽀] 그룹   (la) Francia [f프란씨아] 프랑스

연습문제 - 말하기

1. 오늘의 핵심 문장 듣고 따라 읽기

① Yo estoy tomando café.   저는 커피를 마시고 있어요.

② ¿Qué estás haciendo?   (너는) 뭘 하고 있니?

③ Estoy en casa cenando.   (저는) 저녁을 먹으며 집에 있어요.

④ Siempre veo películas comiendo algo.   (저는) 항상 뭔가를 먹으면서 영화를 봐요.

⑤ Sigo estudiando español.   (저는) 여전히 계속 스페인어를 공부해요.

2. 핵심 문법 문장 따라 읽기

① ¿Qué tiempo hace?   날씨가 어때요?

② Hace mucho calor.   (날씨가) 많이 더워요.

③ Está muy nublado.   (날씨가) 많이 흐려요.

④ Nieva mucho en Japón.   일본에는 눈이 많이 내려요.

3. 핵심 관용표현 따라 읽기

① Soy yo.   저예요.

② ¿Cómo va todo?   어떻게 지내요? (모든 게 다 어떻게 돼 가요?)

③ No, gracias.   고맙지만 사양할게요.

④ ¡Buen día!   좋은 하루 보내세요!

13 연습문제 – 듣기

1 단어, 관용표현 듣고 받아쓰기

① _____
② _____
③ _____
④ _____
⑤ _____

2 잘 듣고 빈칸에 알맞은 단어를 써 넣으세요.

① ¿Qué estás _____ ahora?

② Estamos _____ a la playa.

③ Mi _____ está _____ .

④ Hago ejercicio _____ música.

⑤ Sigo _____ en ese restaurante.

⑥ ¿Qué _____ hace hoy?

⑦ _____ mucho _____ .

⑧ Está _____ ahora.

단어

lloviendo [요비엔도] llover 비 오다(동사의 현재분사)

14 연습문제 – 쓰기

1 따라 쓰고 읽어 보기

① Estoy tomando café con él.

② ¡Estás mintiendo!

③ Hago ejercicio tomando mucha agua.

④ Sigo tocando la guitarra.

⑤ Hace muy buen tiempo hoy.

TIP 다시 한번 체크해 봐요!
- 현재 진행형에서 estar 동사와 현재분사 모두를 잘 활용하였나요?
- 인칭에 맞게 동사를 변형시켰나요?
- 날씨표현에서 hacer 동사와 estar 동사 중 적절한 표현을 썼나요?

2 문장 작문하기

① Andrés는 지금 뭘 하고 있어요?

② 우리는 커피를 마시고 있어요.

③ 저는 음악을 들으면서 공부해요.

④ (너는) 여진히 한국어를 공부하니?

⑤ 멕시코에는 날씨가 어때요?

⑥ (날씨가) 약간 건조해요.

문화

Salar de Uyuni
[살라르 데 우유니]

우유니 소금사막

중남미 여행 대표 사진을 보다 보면 꼭 한번은 보게 되는 이 사진. 보신 적 있으신가요?
바로 볼리비아의 우유니 소금사막이에요.

볼리비아의 수도 라 파스(La Paz)로부터 남쪽으로 약 200km 떨어져 있는 이곳은 먼 옛날 바다였지만 지각활동으로 높이 솟아올라 호수가 되었다가 지금은 건조한 날씨로 인해 모든 물이 증발해 버려 하얀 소금으로 뒤덮인 사막이 되었는데요, 그 면적이 경기도보다 클 정도로 거대합니다.

이곳이 여행자들에게 유명한 이유는 수많은 인생샷을 찍을 수 있기 때문인데요, 하얀 소금이 배경인 덕에 원근감이 무시되는 모습이나, 우기 동안에 발목 깊이까지 차 있는 빗물에 드넓은 하늘이 반향돼 비쳐 보이는 경이로운 모습 등 다양한 컨셉의 사진을 찍을 수 있어요. 이런 사진을 찍기 위해 이 작은 마을에서 몇 주간 머무는 여행자들도 많죠.

멋진 인생샷을 찍고 싶다면 우기이면서도 바람이 가장 적은 12월~3월 사이에 이곳을 방문하는 것을 추천드리지만, 특유의 건조한 날씨와 지루함은 각오하셔야 한답니다! 그리고 이곳 사막에서 난 소금을 기념품으로 챙겨오는 것도 좋은 추억이 될 거예요.

단어

▶ (la) paz [빠스] 평화
▶ (la) sal [쌀] 소금

9

나는 널 많이 사랑해.
¡Te amo mucho!

목적어와 목적격 대명사

문장의 구조에서 주어, 동사와 함께 목적어도 아주 중요한 역할을 하는데요, 오늘은 그 목적어들을 활용하는 방법과 목적어를 생략하고 대신해 쓸 수 있는 목적격 대명사도 배워볼게요.

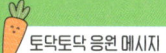

Sin lluvia no hay flores. "비가 없다면 꽃도 없는 법!" 알쏭달쏭 어려운 스페인어. 하지만 지금 우리가 이렇게 하나씩 배우고 익혀가다 보면 활짝 꽃을 피울 수 있는 날이 곧 다가올 거예요. 오늘도 힘내서 출발!

8과 복습

1 다음 단어들을 올바른 어순으로 나열해 보세요.

① en | Estoy | cafetería | tomando | café | una

_____

② hace | España | Qué | en | tiempo

¿ _____ ?

2 주어진 동사원형을 인칭에 맞게 동사변형 해 보고 해석해 보세요.

① Yo estoy _____ (estudiar) español ahora.

② Yo estoy _____ (escribir) una carta.

③ ¿Qué estás _____ (hacer) aquí?

④ ¿Por qué sigues _____ (mentir)?

3 다음 문장을 완성해 보세요.

① (우리는) 맥주를 마시고 있어요.   _____ bebiendo _____ .

② (저는) 보통 음악을 들으면서 운동해요.   Normalmente _____ ejercicio _____ música.

③ (저는) 여전히 영어를 공부해요.   _____ estudiando inglés.

④ 오늘 날씨가 많이 더워요.   _____ mucho _____ hoy.

4 알맞은 단어나 관용표현을 연결시키고, 다섯 번씩 읽어 보세요.

좋은 하루 보내세요!   •   •   No, gracias.

다 괜찮아요. (잘 지내요)   •   •   Todo bien.

고맙지만 사양할게요.   •   •   Soy yo.

저예요.   •   •   ¡Buen día!

02 단어

mirar	미라르	쳐다보다, 보다
amar	아마르	사랑하다
comprar	꼼쁘라르	사다
ayudar	아유다르	도와주다
nunca	눈까	절대, 전혀
enseñar	엔쎄냐르	가르치다, 보여주다
regalar	r레갈라르	선물하다, 사주다
prestar	쁘레스따르	빌려주다
fotografía (foto)	f포또그라f피아	사진 f
camiseta	까미쎄따	티셔츠 f
saber	싸베르	알다 1인칭 불규칙변형 sé
encontrar	엔꼰뜨라르	마주치다, 찾아내다 o→ue
necesitar	네쎄씨따르	필요하다
para	빠라	~를 위해서
dar	다르	주다
hombre	옴브레	남자 m
rápido/a	r라삐도	빠른, 빠르게
así	아씨	그렇게
creer	끄레에르	믿다, 생각하다
vale	발레	오케이, 알았어
entonces	엔똔쎄스	그러면, 그때
pesado/a	뻬싸도	무거운
pues	뿌에스	(생각할 때) 음, 저, 글쎄
si	씨	만약에

문장

인칭별 직접목적격 대명사

Andrés me mira. 안드레스가 저를 봐요.

Andrés te mira 안드레스가 너를 봐.

Andrés lo/la mira. 안드레스가 그/그녀/당신을 봐요.

Andrés nos mira. 안드레스가 우리를 봐요.

Andrés os mira 안드레스가 너희를 봐.

Andrés los/las mira. 안드레스가 그들/그녀들/당신들을 봐요.

인칭별 간접목적격 대명사

Andrés me dice. 안드레스가 저에게 말해요.

Andrés te dice. 안드레스가 너에게 말해.

Andrés le dice. 안드레스가 그/그녀/당신에게 말해요.

Andrés nos dice. 안드레스가 우리들에게 말해요.

Andrés os dice. 안드레스가 너희들에게 말해.

Andrés les dice. 안드레스가 그들/그녀들/당신들에게 말해요.

 **문법**

목적어와 목적격 대명사

스페인어의 문장 구조

스페인어의 기본 구조는 '주어 + 동사 + 목적어'예요.
그리고 목적어는 '~을/를' (직접목적어) 혹은 '~에게' (간접목적어)로 해석되지요.

> **잠깐** 사람이 목적어로 쓰인 경우는 사람 앞에 전치사 a를 써줘야 해요!

주어	동사	목적어
Yo	estudio	español.
저는	공부해요	스페인어를
Los estudiantes	miran	a Andrés.
학생들은	쳐다봐요	안드레스를
Tú	no mientes	a amigos.
너는	거짓말 하지 않는구나	친구들에게

목적격 대명사

▶ 앞에서 언급된 목적어를 반복하지 않고 대신하는 경우에 쓰여요.
▶ 목적어가 사람인 경우 'a'와 함께 전치격 인칭대명사가 쓰여요.
▶ 그리고 'a + 전치격'으로 쓰인 목적어는 목적격 대명사 한 단어로 축약되어 쓰여요.

> **잠깐** 1, 2인칭 단수 전치격에 유의하세요!

전치사 + 전치격	직접목적격 대명사	간접목적격 대명사
a mí	me 나를	me 나에게
a ti	te 너를	te 너에게
a él / a ella / a Ud.	lo / la 그/그녀/당신을	le 그/그녀/당신에게 (구분하지 않음)
a nosotros/as	nos 우리를	nos 우리에게
a vosotros/as	os 너희를	os 너희에게
a ellos / a ellas / a Uds.	los / las 그들/그녀들/당신들을	les 그들/그녀들/당신들에게 (구분하지 않음)

목적격 대명사의 위치

축약된 목적격 대명사는 동사의 형태에 따라 동사 앞에 (선치) 쓰이기도, 동사 뒤에 (후치) 쓰이기도 한답니다.

❶ 동사원형 + 목적격 대명사 (띄어쓰기X, 후치)
  No puedo amarte. 너를 사랑할 수 없어.

❷ 현재분사 + 목적격 대명사 (띄어쓰기X, 후치)
  Estoy amándote. 너를 사랑하고 있어!

❸ 긍정명령형 + 목적격 대명사 (띄어쓰기X, 후치)
  ¡Ámame! 나를 사랑해줘요!

❹ 목적격 대명사 + 나머지 동사변형 (띄어쓰기O, 전치)
  Te amo mucho. 너를 많이 사랑해.

목적격 대명사의 위치

❶ 전치 (동사 앞)

Andrés me mira.   안드레스가 저를 봐요.

Andrés te mira.   안드레스가 너를 봐.

Andrés lo/la mira.   안드레스가 그/그녀/당신을/그것을 봐요.

Andrés me dice.   안드레스가 저에게 말해요.

Andrés te dice.   안드레스가 너에게 말해.

Andrés le dice.   안드레스가 그/그녀/당신에게 말해요.

Andrés les dice.   안드레스가 그들/그녀들/당신들에게 말해요.

> 잠깐
> 사물을 목적격 대명사로 받을 때는 성과 수에 따라 3인칭 형태 lo, la, los, las로 받을 수 있어요.

❷ 후치 (동사 뒤)

Andrés quiere mirarme.   안드레스가 저를 보고 싶어 해요.

Andrés está mirándome.   안드레스가 저를 보고 있어요.

¡Mírame, Andrés!   안드레스, 날 봐!

> 잠깐
> mirar 동사의 2인칭 단수 (tú) 명령형은 mira예요. 자세한 건 11과에서 배우도록 할게요.

목적어를 목적격 대명사로 바꿔 보기

❶ 직접목적어 ➡ 직접목적격 대명사

Quiero mucho a ti.   (나는) 너를 많이 사랑해. ➡ Te quiero mucho.   (나는) 너를 많이 사랑해.

Quiero comprar las sillas.   (저는) 그 의자들을 사고 싶어요.
 ➡ Quiero comprarlas.   (저는) 그것들을 사고 싶어요.

Tamara está ayudando a Sangmin.   타마라가 상민이를 도와주고 있어요.
 ➡ Tamara está ayudándolo.   타마라가 그를 도와주고 있어요.

> 잠깐
> 'ayudando + lo'를 띄어쓰기 없이 붙여서 써주지만 기존 ayudando의 강세를 유지하기 위해 tilde를 찍어야 해요.

❷ 간접목적어 ➡ 간접목적격 대명사

Ella nunca dice la verdad a mí.   그녀는 결코 나에게 진실을 말하지 않아요.
 ➡ Ella nunca me dice la verdad.   그녀는 결코 나에게 진실을 말하지 않아요.

Andrés enseña español a los estudiantes.   안드레스는 학생들에게 스페인어를 가르쳐요.
 ➡ Andrés les enseña español.   안드레스는 그들에게 스페인어를 가르쳐요.

06 문법 플러스

두 가지 목적격 대명사 함께 쓰기

직접목적격 대명사와 간접목적격 대명사를 모두 써주는 경우, '간목 + 직목'의 순서 (~에게 ~을/를)로 써줘야 해요.

A ¿Me regalas una cerveza?   (네가) 나에게 맥주 하나를 사줄래?

B ¡Claro! Regalo <u>una cerveza</u> <u>a ti</u>.   물론이지. 너에게 맥주 하나를 사줄게.
          직목   간목

→ ¡Claro! Te regalo una cerveza.   물론이지. 너에게 맥주를 사줄게.

→ ¡Claro! Te la regalo.   물론이지. 너에게 그것을(맥주를) 사줄게.

Andrés enseña <u>español</u> <u>a nosotros</u>.   안드레스가 우리에게 스페인어를 가르쳐줘요.
              직목   간목

→ Andrés nos lo enseña.   안드레스가 우리에게 그것을(스페인어를) 가르쳐줘요.

Tamara va a prestar <u>su coche</u> <u>a mí</u>.   타마라가 나에게 그녀의 차를 빌려줄 거예요.
                    직목   간목

→ Tamara va a prestármelo.   타마라가 나에게 그것을(그녀의 차를) 빌려줄 거예요.

 coche(자동차)가 남성명사라서 남성 단수 목적격 대명사 lo로 받아줬어요.

문법 플러스

le / les ⋯ se 변화

3인칭 단/복수 간접목적격 대명사는 직접목적어 lo, la, los, las와 함께 쓰는 경우 그 형태가 se로 변화돼요.

그/그녀/당신에게 그것을	le lo → se lo
	le la → se la
그/그녀/당신에게 그것들을	le los → se los
	le los → se las
그들/그녀들/당신들에게 그것을	les lo → se lo
	les la → se la
그들/그녀들/당신들에게 그것들을	les los → se los
	les las → se las

Sangmin enseña <u>la foto</u> <u>a su amiga</u>.   상민이는 그의 친구에게 사진을 보여줘요.
                   직목   간목

→ Sangmin le enseña la foto.   상민이는 그녀에게 사진을 보여줘요.
→ Sangmin se la enseña.   상민이는 그녀에게 그것을(사진을) 보여줘요.

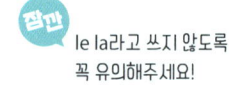
le la라고 쓰지 않도록 꼭 유의해주세요!

¿Vas a comprar <u>la camiseta</u> <u>a tu mamá</u>?   (너는) 엄마에게 티셔츠를 사줄 거니?
                    직목   간목

→ ¿Vas a comprársela?   (너는) 그녀에게 그것을(티셔츠를) 사줄 거니?

A ¿Vas a decir <u>la verdad</u> <u>a tu novio</u>?   (너는) 너의 남친에게 사실을 말할 거니?
                      직목   간목

B No, no voy a decírsela.   아니, (나는) 그에게 그것을(사실을) 말하지 않을 거야.

핵심 문법 포인트

동사원형, 현재분사, 긍정명령형처럼 목적격 대명사를 동사 뒤에 붙여 쓰는 경우, 음절이 늘어나면서 강세의 위치가 달라질 수 있어요. 그럴 땐 목적격 대명사가 붙기 전 동사의 원래의 강세 자리에 강세 기호 tilde를 붙여서 원래의 강세를 유지시켜줘요.

스페인 스페인어 VS 중남미 스페인어 2탄

오늘은 스페인과 중남미에서 다르게 표현하는 대표적인 어휘나 표현을 알아보는 두 번째 시간이에요. 덕분에 우리가 알아야 할 단어들은 늘어나지만, 그래도 그 차이를 알아가고 비교하는 재미도 한번 느껴 보면 어떨까요?

Vocabulario 어휘	España 스페인	Latinoamérica 중남미
자동차	(el) coche	(el) coche, (el) auto, (el) carro
컴퓨터	(el) ordenador	(la) computadora, (el) computador
주스	(el) zumo	(el) jugo
안경	(las) gafas	(los) lentes
핸드폰	(el) móvil	(el) celular
감자	(la) patata	(la) papa
엘리베이터	(el) ascensor	(el) elevador

챙겨가자 꿀표현 – 바람, 축하 표현들

일상 생활에서 상대방에게 여러 가지 바람을 표현하는 경우가 많죠? 보통 동사가 생략된 관용적 표현으로 인사를 건네는 경우가 많아요.

¡Feliz cumpleaños!
생일 축하해!

¡Feliz Navidad!
메리 크리스마스!

¡Buen viaje!
좋은 여행 (되세요)!

¡Buen fin de semana!
좋은 주말 (보내세요)!

¡Buena suerte!
행운을 빌어요!

단어

feliz(felices) [펠리스] 행복한　(el) cumpleaños [꿈쁠레아뇨스] 생일　(la) Navidad [나비닫] 성탄절　(la) suerte [쑤에르떼] 운, 행운

 회화

Sangmin   Andrés, ¿sabes dónde está mi libro?
No puedo encontrarlo.

Andrés   Aquí lo tengo. ¿Puedo leerlo un poco más?

Sangmin   ¡Oye! Lo necesito para mi clase.
Tienes que darme ese libro antes de las diez.

Andrés   Tranquilo, hombre. Estoy leyéndolo rápido.

Sangmin   Siempre me dices así, pero no te creo.
¿Por qué no le pides el libro a Tamara?

Andrés   Vale, entonces voy a pedírselo.
¡Qué pesado eres!

Sangmin   Pues, si tú lo dices.

회화 해설

본문을 소리 내어 5번 읽고 아래와 같이 동그라미 해주세요!

Sangmin Andrés, ¿sabes dónde está mi libro?
안드레스, 내 책이 어디에 있는지 아니?

'saber + 의문문'은 '~인지 알고 있나요?'라는 뜻으로 여기에서는 '어디에 있는지'를 묻고 있어요.

No puedo encontrarlo.
못 찾겠어.

Andrés Aquí lo tengo. ¿Puedo leerlo un poco más?
여기 내가 갖고 있어. 조금만 더 읽어도 될까?

직접목적격 대명사 lo가 tengo 앞에 위치, leer 동사원형 뒤에 위치하고 있어요.

Sangmin ¡Oye! Lo necesito para mi clase.
야! 수업을 위해서 필요하단 말야.

¡Oye!은 어이! 이봐! 라는 뜻으로 영어에서 'Hey!' 같은 의미에요.
para는 목적의 의미를 가지는 전치사로 '~를 위해'라 해석돼요.

Tienes que darme ese libro antes de las diez.
그 책을 나에게 열 시 전에 줘야 해.

antes de… ~전에

Andrés Tranquilo, hombre. Estoy leyéndolo rápido.
진정하라구, 친구. 빨리 읽고 있는 중이야.

tranquilo/a는 '차분한'이라는 뜻의 형용사인데 '진정하세요'라는 뜻으로 쓸 수 있어요.
¡Hombre!는 짜샤! 정도의 비격식 표현.
직접목적격 대명사 현재분사 leyendo 뒤에 위치해야 하고, 강세 유지를 위해 tilde 표기를 해줍니다.

Sangmin Siempre me dices así, pero no te creo.
항상 내게 그렇게 말하지만 난 널 안 믿어.

a Tamara(타마라에게)라는 간접목적어가 쓰였지만 간접목적어 le(그녀에게)가 중복해서 쓰였어요. le, les는 보통 중복해서 한번 더 써주는 게 일반적이에요.
¿Por qué no...?는 '~하는 게 어때?'라는 뜻의 권유표현이에요.

¿Por qué no le pides el libro a Tamara?
타마라에게 책을 빌리는 거 어때?

Andrés Vale, entonces voy a pedírselo.
좋아, 그럼 그녀에게 (그것을) 빌리겠어.

Vale 오케이, 알았어

¡Qué pesado eres!
너 정말 짜증나!

¡Qué pesado! 짜증나!

Sangmin Pues, si tú lo dices.
뭐, 그러시든가.

pues는 '음', '뭐', '글쎄' 등 할 말을 생각하며 말할 수 있는 추임새예요.
si tú lo dices 는 '네가 그렇게 말한다면'이라는 뜻인데, 여기선 '그러시든가.' 정도의 의미로 해석될 수 있어요

11 패턴 플러스

1 A visitarla esta noche. 동사원형을 기준으로 후치될 때

Yo tengo que		저는 오늘 밤 그녀를 방문해야 해요.
Yo voy a	visitarla esta noche	저는 오늘 밤 그녀를 방문할 거예요.
Yo quiero		저는 오늘 밤 그녀를 방문하고 싶어요.
Yo puedo		저는 오늘 밤 그녀를 방문할 수 있어요.

2 La A visitar esta noche. 앞에 있는 변형동사를 기준으로 전치될 때

	tengo que		저는 오늘 밤 그녀를 방문해야 해요.
La	voy a	visitar esta noche	저는 오늘 밤 그녀를 방문할 거예요.
	quiero		저는 오늘 밤 그녀를 방문하고 싶어요.
	puedo		저는 오늘 밤 그녀를 방문할 수 있어요.

3 Voy a A . & B voy a decir. 목적격 대명사 두 개를 활용한 문장

Voy a	decírtelo	너에게 그것을 말할 거야.
	decíroslo	너희에게 그것을 말할 거야.
	decírselo	그/그녀/당신, 그들/그녀들/당신들에게 그것을 말할 거예요.
Te lo		너에게 그것을 말할 거야.
Os lo	voy a decir	너희에게 그것을 말할 거야.
Se lo		그/그녀/당신, 그들/그녀들/당신들에게 그것을 말할 거예요.

> **TIP** 목적어에 영향을 주는 동사가 두 개 쓰이는 경우 동사의 형태에 따라 목적격 대명사가 전치되거나 후치될 수 있어요.

단어

visitar [비씨따르] 방문하다

연습문제 - 말하기

1 오늘의 핵심 문장 듣고 따라 읽기

① Te amo mucho.   너를 많이 사랑해.

② Quiero comprarlas.   (저는) 그것들을 사고 싶어요.

③ Andrés está mirándome.   안드레스는 나를 쳐다보고 있어요.

④ Tienes que darme ese libro.   (너는) 나에게 그 책을 줘야만 해.

⑤ La tengo que visitar esta noche.   (저는) 오늘 밤 그녀를 방문해야 해요.

2 핵심 문법 문장 따라 읽기

① Te la regalo.   너에게 그것을 선물할게.

② ¿Vas a comprársela?   (너는) 그에게 그것을 사줄 거니?

③ Tamara me lo va a prestar.   타마라는 저에게 그것을 빌려줄 거예요.

④ Tamara va a prestármelo.   타마라는 저에게 그것을 빌려줄 거예요.

3 핵심 관용표현 따라 읽기

① ¡Tranquilo!   진정해요!

② ¡Hombre!   이봐! 어이!

③ ¡Qué pesado eres!   너 정말 짜증나!

④ Si tú lo dices.   네가 그렇게 말한다면 뭐.

13 연습문제 – 듣기

1 단어, 관용표현 듣고 받아쓰기

❶ _____

❷ _____

❸ _____

❹ _____

❺ _____

2 잘 듣고 빈칸에 알맞은 단어를 써 넣으세요.

❶ Estoy _____ .

❷ ¿_____ dónde está mi libro?

❸ _____ tú _____ dices.

❹ ¿Puedo _____ un poco más?

❺ Voy a _____ .

❻ Solo quiero _____ un beso.

❼ Quiero _____ .

❽ Andrés _____ _____ enseña.

단어

solo [쏠로] 오직, 다만   (el) beso [베쏘] 키스, 뽀뽀

14 연습문제 – 쓰기

1 따라 쓰고 읽어 보기

① Te quiero mucho.

② No te creo.

③ Estoy leyéndolo rápido.

④ Si tú lo dices.

⑤ ¿Me lo vas a regalar?

> **TIP** 다시 한번 체크해 봐요!
> - 정확한 해석에 맞는 목적격 대명사를 사용하였나요?
> - 목적격 대명사의 위치는 동사의 형태에 따라 적절히 배치했나요?
> - le나 les를 se로 바꿔야 하는 경우를 놓치지는 않았나요?

2 문장 작문하기

① (너는) 나를 믿니?

② Andrés가 그들을 봐요.

③ (저는) 그녀에게 말할 거예요.

④ (저는) 그녀에게 그것을 말할 거예요.

⑤ 너는 나에게 책을 10시 전에 줘야 해.

⑥ 그들이 저를 도와주고 있어요.

문화

Festivales
[f페스티발레스]

스페인의 대표 축제들

그야말로 365일 축제를 즐길 수 있는 나라, 축제를 위해 사는 사람들의 나라. 오늘은 스페인에 대한 이야기를 해 보려고 해요. 스페인에서는 지역마다 특색이 확연히 드러나는 축제가 펼쳐지는데요. 그 중에서 가장 유명한 3대 전통 축제를 소개해드릴게요.

1 San Fermín [싼 f페르민] : Pamplona

스페인 하면 떠오르는 이미지, 투우사와 성난 황소가 있는데요. 스페인 북부 팜플로나 지방에서 매년 7월 6일 정오부터 7월 14일 자정까지 열리는 산 페르민 축제에서 이 황소들과 수많은 관광객들이 광란의 달리기(Corrida de toros)를 하는 장면을 볼 수 있어요. 매년 황소의 뿔에 받혀 축제에 참가한 관광객이 죽고 있지만 논란 속에서도 여전히 가장 인기있는 축제 중 하나랍니다.

2 Las Fallas [라스 f파야스] : Valencia

매년 봄이 찾아오는 3월 중순이 되면 발렌시아는 매일 밤 불꽃놀이와 함께 형형색색의 거대한 인형들(muñecos)로 뒤덮이게 돼요. 요정이나 괴물부터 유명인사, 정치인 모양의 인형들까지 도시 곳곳을 수놓은 거대 인형들은 축제 마지막 날인 3월 19일에 모두 태워지면서 장관을 연출하죠.

3 La Tomatina [라 또마띠나] : Buñol

전세계 최대 규모의 푸드파이트가 열리는 라 또마띠나는 그야말로 가장 인기있는 스페인의 축제죠. 매월 마지막 주 수요일 오전 11시가 되면 토마토 전쟁이 시작되는데요. 1945년 이 지역에서 있었던 또 다른 축제를 진행하던 사람들과 노점상들 간에 야채와 토마토를 던지며 싸우던 전통이 지금까지 이어져 온다고 하네요. 이 지역의 광장에는 무려 100개의 토마토를 풀어놓는다 하니 스페인의 빨간 축제를 꼭 즐기러 가 보자구요.

☆ 참가 예약이 필수이니 꼭 미리 예약해주세요.

단어

▸ (el) festival [f페스띠발] 축제

▸ (el) toro [또로] 황소

▸ (la) corrida [꼬r리다] 달리기

▸ (el/la) muñeco/a [무녜꼬/까] 인형

▸ (el) tomate [또마떼] 토마토

10

저는 여행하는 걸 좋아해요.
Me gusta viajar.

역구조 동사

스페인어에서는 그동안 배운 '주어 + 동사 + 목적어'의 문장 구조가 아닌 '목적어 + 동사 + 주어'의 구조로 문장을 만드는 경우가 있어요. 그중에서 대표적인 '좋아하다'라는 기호 표현을 배워 보도록 할게요.

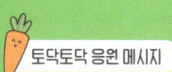

토닥토닥 응원 메시지

Si lo puedes soñar, lo puedes lograr.
"그것을 꿈꿀 수 있다면, 이룰 수 있다."
여러분은 스페인어 공부를 통해 어떤 꿈을 꾸고 있나요? 언젠가 우리가 스페인어로 하고 싶은 일들을 꿈꾸면서 공부해 보아요. 이제 곧 그것들을 이룰 수 있게 될 거예요.

9과 복습

1 다음 단어들을 올바른 어순으로 나열해 보세요.

① te | mucho | Yo | quiero

_____

② dices | Siempre | te | me | así | no | creo | pero

_____

2 주어진 문장의 목적어를 목적격 대명사로 바꿔 쓰고 해석해 보세요.

① No digo la verdad. → No _____ digo.

② Estoy escribiendo los libros. → Estoy _____ .

③ Andrés mira a vosotros. → Andrés _____ mira.

④ Tamara enseña inglés a Andrés. → Tamara _____ _____ enseña.

3 다음 문장을 완성해 보세요.

① (우리는) 매일 그것을 공부해요.   _____ estudiamos todos los días.

② (나는) 너를 믿지 않아.   No _____ _____ .

③ 언제 우리에게 그것(남성명사)을 줄 거야?   ¿Cuándo vas a _____?

④ 언제 우리에게 그것(남성명사)을 줄 거야?   ¿Cuándo _____ vas a dar?

4 알맞은 단어나 관용표현을 연결시키고, 다섯 번씩 읽어 보세요.

이봐, 어이!	•	•	Tranquilo/a.
정말 짜증나!	•	•	¡Vale!
진정해요.	•	•	¡Qué pesado!
알았어요!	•	•	¡Hombre!

02 단어

gustar	구스따르	즐거움을 주다	역구조로 '좋아하다'
perro	뻬r로	개, 강아지 m	
padre	빠드레	아버지 m	
doler	돌레르	고통, 통증을 주다	o→ue 역구조로 '좋아하다'
cabeza	까베싸	머리 f	
pierna	삐에르나	다리 f	
fútbol	f풋볼	축구 m	
canción	깐씨온	노래 f	
deporte	데뽀르떼	운동, 스포츠(주로 복수) m	
conmigo	꼰미고	나와 함께	
jugo	후고	주스 m	
naranja	나랑하	오렌지 f	
comida	꼬미다	음식 f	
padres	빠드레스	부모님 m	
estómago	에스또마고	배, 위 m	
cuerpo	꾸에르뽀	몸 m	
rodilla	r로디야	무릎 f	
pie	삐에	발 m	
compra	꼼쁘라	구매 f	
muchísimo/a(s)	무치씨모	아주 많은	
muchísimo	무치씨모	아주 많이	
tampoco	땀뽀꼬	역시, 또한 (~하지 않는다)	
cine	씨네	극장, 영화관 m	
perfecto/a(s)	뻬르f펙또	완벽한	

 ## 문장

인칭별 '좋아하다' 표현 문장

Me gusta viajar.   저는 여행하는 것을 좋아해요.
Te gusta viajar.   너는 여행하는 것을 좋아하는구나.
Le gusta viajar.   그/그녀/당신은 여행하는 것을 좋아해요.
Nos gusta viajar.   우리는 여행하는 것을 좋아해요.
Os gusta viajar.   너희는 여행하는 것을 좋아하는구나.
Les gusta viajar.   그들/그녀들/당신들은 여행하는 것을 좋아해요.

핵심문장

Me gustan los perros.   저는 강아지들을 좋아해요.
No me gusta beber.   저는 술 마시는 것을 좋아하지 않아요.
¿Qué te gusta hacer?   너는 뭘 하는 걸 좋아하니?
A mi padre no le gusta el café.   저의 아버지는 커피를 좋아하지 않아요.
Me duele la cabeza.   저는 머리가 아파요.
Me duelen las piernas.   저는 다리가 아파요.

 # 문법

역구조 동사의 형태

- gustar동사는 '즐거움을 주다', '호감을 주다'라는 뜻으로 사람을 간접목적어로 받아주는 동사예요.
- 목적어 me가 주어 역할을, 주어 viajar가 목적어 역할을 하고 있어서 우리는 역구조 동사라는 표현을 쓴답니다.

목적격 대명사 + 동사 + 주어

기본적인 스페인어의 구조에서 주어와 목적어가 뒤집힌 형태의 문장을 통해 다양한 표현을 할 수 있어요.

예 • Me gusta viajar.   저는 여행하는 것을 좋아해요.

	Me	gusta	viajar
직역	저에게	즐거움을 줘요	여행하는 것이
의역	저는	좋아해요	여행하는 것을

역구조 동사에서 주어 역할을 하는 간접목적격 대명사의 변형

의미상 주어 + 좋아한다	해석	의미상 목적어 (좋아하는 것)
Me gusta	저는 좋아해요.	
Te gusta	너는 좋아하는구나.	
Le gusta	그/그녀/당신은 좋아해요.	+ 명사 + 동사원형
Nos gusta	우리는 좋아해요.	
Os gusta	너희는 좋아하는구나.	
Les gusta	그들/그녀들/당신들은 좋아해요.	

참고) 동사 앞에 쓰이는 간접 목적격 대명사가 의미상의 주어, 즉 좋아하는 주체를 결정한다는 점을 기억하세요!

좋아하는 대상(문법적인 주어)을 따라서 동사가 변형하기 때문에,
▶ 좋아하는 대상이 단, 복수의 사물인 경우 gusta와 gustan의 형태가 쓰이고,
▶ 좋아하는 대상이 동사원형(~하는 것)인 경우 3인칭 단수로 취급해서 gusta로 동사변형해야 해요.

예   Me gusta el café.   저는 커피를 좋아해요.
   Me gusta viajar.   저는 여행하는 것을 좋아해요.
 • Me gustan los perros.   저는 강아지들을 좋아해요.

- 좋아하는 대상 los perros가 문법적으로 주어이기 때문에 동사변형이 3인칭 복수 gustan으로 쓰였어요.
- 일반적으로 동물들을 지칭할 때는 복수형으로 써주는 경우가 많아요.

문법

❶ 내가 좋아하는 것, 좋아하지 않는 것 말해 보기

Me gusta el café.   저는 커피를 좋아해요.

Me gusta el fútbol.   저는 축구를 좋아해요.

No me gusta esta canción.   저는 이 노래를 좋아하지 않아요.

Me gustan los deportes.   저는 스포츠를 좋아해요.

Me gusta mucho bailar y cantar.   저는 춤추고 노래하는 것을 아주 좋아해요.

No me gusta beber.   저는 술 마시는 것을 좋아하지 않아요.

• Me gustas tú.   나는 네가 좋아.

좋아하는 대상이 문법상 주어!
그에 맞게 동사변형에 유의해야 해요.

❷ 다양한 의미상의 주어 적용하기

¿Qué te gusta?   너는 뭘 좋아하니?

¿Qué te gusta hacer?   너는 뭘 하는 걸 좋아하니?

Le gusta el café.   그/그녀/당신은 커피를 좋아해요.

A Tamara le gusta el café.   타마라는 커피를 좋아해요.

• A mi padre no le gusta el café.   저의 아버지는 커피를 좋아하지 않아요.

A Estrella no le gusta hablar conmigo.   에스뜨레야는 나와 이야기하는 것을 싫어해요.

¿Os gusta el jugo de naranja?   너희는 오렌지 주스를 좋아하니?

A mis padres les gusta la comida china.   저의 부모님은 중국 음식을 좋아해요.

3인칭의 경우 그 사람을 자세히 묘사하기 위해 'a + 사람'으로 앞에서 한번 더 적어줄 수 있어요. 잊지 마세요. 사람이 목적어인 경우, 반드시 사람 앞에 a를 써줘야 해요.

❸ 의미상 주어 강조하기

• A mí me gusta viajar.   저는 여행하는 것을 좋아해요.

¿A ti te gusta viajar también?   너도 여행하는 것을 좋아하니?

A nosotros no nos gusta viajar.   우리는 여행하는 것을 좋아하지 않아요.

A él le gusta estudiar otros idiomas.   그는 다른 언어를 공부하는 것을 좋아해요.

목적격 대명사 me를 써주었지만 앞에 a mí를 한번 더 써줘서 의미상 주어를 강조해 줄 수도 있어요.

문법 플러스

몸의 통증 표현하기

역구조 동사 doler

인칭	동사변형	인칭	동사변형
yo	duelo	nosotros	dolemos
tú	dueles	vosotros	doléis
él, ella, Ud.	duele	ellos, ellas, Uds.	duelen

예 Me duele la cabeza.   머리가 나에게 고통을 줘요. → 저는 머리가 아파요.

	Me	duele	la cabeza
직역	저에게	고통을 줘요	머리가
의역	저는	아파요	머리가

잠깐 간접목적어 me가 주어 역할을, 주어 la cabeza가 목적어 역할을 하고 있어요. (역구조 동사)

doler 동사에서 주어 역할을 하는 간접목적격 대명사의 변형

의미상 주어 + 아프다	해석	의미상 목적어 (아픈 곳)
Me duele	저는 아파요.	+ 명사 (신체 부위)
Te duele	너는 아프구나.	
Le duele	그/그녀/당신은 아파요.	
Nos duele	우리는 아파요.	
Os duele	너희는 아프구나.	
Les duele	그들/그녀들/당신들은 아파요.	

07 문법 플러스

몸의 통증 표현하기

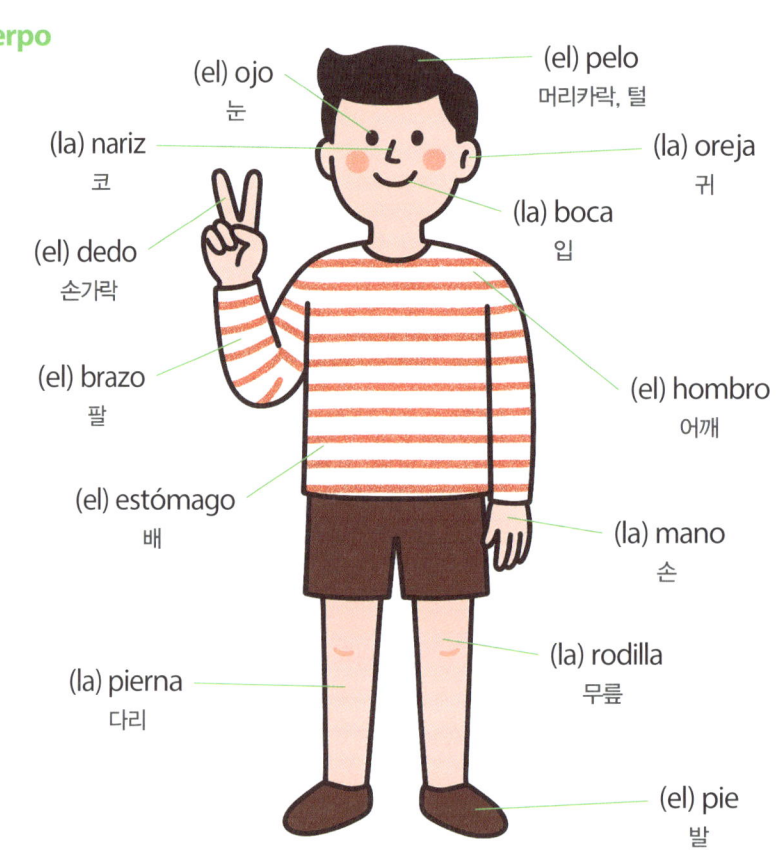

예
Me duele la cabeza. 저는 머리가 아파요.
Me duele el estómago. 저는 배가 아파요.
Me duelen las piernas. 저는 다리가 아파요.
No me duelen las manos. 저는 손이 아프지 않아요.
¿Te duele el estómago? 너는 배가 아프니?
A Tamara le duelen las rodillas. 타마라는 무릎이 아파요.
A nosotros nos duelen mucho los pies. 우리는 발이 많이 아파요.

 복수의 신체 부위가 아프니까 동사를 duelen으로 적어줘야 해요.

08 플러스 표현

가족 구성원 관련 어휘

가족 구성원을 지칭하는 단어들, 일상 생활에서 사용 빈도가 아주 높겠죠?

Vocabulario 어휘	의미	Vocabulario 어휘	의미
(la) familia ᶠ파밀리아	가족	(el/la) primo/a 쁘리모/마	사촌
(el) padre 빠드레, (el) papá 빠빠	아버지, 아빠	(el) marido 마리도, (el) esposo 에스뽀쏘	남편
(la) madre 마드레, (la) mamá 마마	어머니, 엄마	(la) mujer 무헤르, (la) esposa 에스뽀싸	아내
(el/la) hermano/a 에르마노/나	남자형제/여자형제	(el/la) hijo/a 이호/하	아들/딸
(el/la) abuelo/a 아부엘로/라	할아버지/할머니	(el/la) nieto/a 니에또/따	손자/손녀
(el/la) tío/a 띠오/아	삼촌/이모		

챙겨가자 꿀표현 – 음식 관련 표현

스페인이나 중남미로 여행을 하다 보면 맛있는 음식을 먹게 될 일이 아주 많을 텐데요, 음식과 관련된 여러 꿀표현을 한번 배워 볼게요.

- ¡Está bueno/a! - ¡Está rico/a! - ¡Está delicioso/a!   맛있어요!

  ¡Qué rico! - ¡Qué delicioso!   얼마나 맛있게요!

  ¡Sabe muy bien!   좋은 맛이 나요, 맛있어요!

  ¡Huele muy bien!   냄새가 좋아요!

- ¡Buen provecho!   맛있게 드세요!

- 맛있다는 표현은 ser 동사와 함께 쓸 수도 있지만, 현재 먹고 있는 음식을 맛있다고 표현할 때는 생동감 넘치는 estar 동사가 더 적절해요.
- 음식을 통해 유익한 시간이 되라는 의미예요!

saber [싸베르] 알다, 맛이 나다   oler [올레르] 냄새가 나다(ue 불규칙)   (el) provecho [쁘로베초] 유용, 이익

 **회화**

Tamara Andrés, ¿te gusta ir de compras?

Andrés ¡A mí me gusta muchísimo! ¿Y a ti?

Tamara A mí también me gusta. ¿Y a ti, Sangmin?

Sangmin A mí no me gusta mucho.
Y a mi novia tampoco le gusta ir de compras.

Andrés ¿Por qué no?

Sangmin A nosotros nos gusta más ir al cine.

Tamara A mí no me gusta ver películas. ¿Y a ti, Andrés?

Andrés A mí sí me gusta.
Sangmin, ¿vamos al cine juntos un día?

Sangmin Ay, perdón, pero solo me gusta ir al cine con mi novia.

Tamara Tu novia y tú sois perfectos juntos.

Sangmin Sí, Marta es mi media naranja.
Creo que le gusto mucho yo también.

Tamara	Andrés, ¿te gusta ir de compras? 안드레스, 너는 쇼핑하는 걸 좋아하니?	ir de compras은 '쇼핑하다'라는 관용표현이에요.
Andrés	¡A mí me gusta muchísimo! ¿Y a ti? 나는 완전 좋아하지. 너는?	muchísimo은 '아주 많이', mucho의 강조형으로 쓰이고 강세의 자리에 유의해서 읽어야 해요.
Tamara	A mí también me gusta. ¿Y a ti, Sangmin? 나도 좋아해. 너는, 상민아?	¿Y a ti? : 역구조 동사에서는 문법적으로 목적어가 주어의 역할을 하므로 a ti라고 되물어야 해요. también은 동사 앞에 쓰일 경우 a mí와 me 사이에 위치해요. (문장의 마지막에 쓸 수도 있어요.)
Sangmin	A mí no me gusta mucho. 나는 그리 좋아하지 않아. Y a mi novia tampoco le gusta ir de compras. 그리고 내 여자친구도 쇼핑하는 거 싫어하지.	a mí : 앞 사람들의 의견과 비교, 강조하기 위해 한 번 더 a mí를 써줬어요. tampoco는 부정문에서 '역시, 또한'이라는 의미로 쓰이는 부사로 동사의 앞에서는 no를 대신해서 사용돼요.
Andrés	¿Por qué no? 왜 싫어해?	¿Por qué no?는 앞 사람이 말한 부정문에 대한 이유를 묻는 표현이에요. (=Why not?)
Sangmin	A nosotros nos gusta más ir al cine. 우린 영화관에 가는 걸 더 좋아하거든.	más는 앞에 있는 동사 gusta를 수식해서 '더 좋아하다'라는 의미로 사용했어요.
Tamara	A mí no me gusta ver películas. ¿Y a ti, Andrés? 난 영화 보는 거 안 좋아해. 넌 어때, 안드레스?	
Andrés	A mí sí me gusta. 나는 좋아해! Sangmin, ¿vamos al cine juntos un día? 상민아, 언제 한번 영화관에 갈까?	sí는 긍정문을 강조하기 위해 부사로 사용됐어요. un día는 '어떤 날', 미래의 불특정한 날을 지칭해요.
Sangmin	Ay, perdón, pero solo me gusta ir al cine con mi novia. 아, 미안, 나는 여친이랑 영화관 가는 거만 좋아하는데...	solo를 넣어서 '여친이랑 가는 것만'이라는 표현을 만들어줬어요.
Tamara	Tu novia y tú sois perfectos juntos. 너랑 네 여친은 완벽한 한 쌍이야.	
Sangmin	Sí, Marta es mi media naranja. 맞아, 마르따는 내 반쪽이지. Creo que le gusto mucho yo también. 내 생각엔 그녀도 날 많이 좋아하는 거 같아.	media naranja는 '반쪽의 오렌지'라는 의미로 천생연분의 상대를 표현해요. creer que는 '~라고 생각한다'라는 뜻으로 뒤에 새로운 절(문장)을 써주면 돼요. 그녀가 (le) 나를 좋아한다 (gusto yo)라고 말했기 때문에 동사변형에 유의해야 해요.

패턴 플러스

1 A mí me gusta tocar el piano, A 　역구조 동사에서 다른 사람의 의견 묻기

A mí me gusta tocar el piano,		
	¿y a ti?	나는 피아노 치는 걸 좋아해. 너는 어때?
	¿y a él?	저는 피아노 치는 걸 좋아해요. 그는 어때요?
	¿y a Ud.?	저는 피아노 치는 걸 좋아해요. 당신은 어때요?
	¿y a Daniela?	저는 피아노 치는 걸 좋아해요. 다니엘라는 어때요?
	¿y a ellos?	저는 피아노 치는 걸 좋아해요. 그들은 어때요?

- ¿Y tú?라고 묻지 않도록 유의해야 해요! tú는 주격이고, 우리가 사용하는 역구조 동사에서 주어의 역할은 간접목적격 대명사가 하고 있기 때문이에요.

2 A 　me gusta la leche. 　앞에서 말한 내용과 비교하여 대답하기

	me gusta la leche	
A mí no		저는 우유를 좋아하지 않아요.
A mí sí		저는 우유를 (정말) 좋아해요.
A mí también		저도 우유를 좋아해요.
A mí tampoco		저도 우유를 좋아하지 않아요.

- 두 번째의 문장에서 sí는 긍정문을 강조하는 역할을 해요. 없어도 '좋아한다'는 긍정문이 되지만, 상대방과 다르게 본인은 좋아한다는 점을 강조할 수 있을 때나 '정말 좋아한다'는 의미로 쓰일 수 있어요.

3 A mí me gusta A . 　동사를 수식하는 mucho의 위치

A mí me gusta		
	comer	저는 먹는 걸 좋아해요.
	mucho comer	저는 먹는 걸 아주 좋아해요.
	comer mucho	저는 많이 먹는 걸 좋아해요.
	mucho comer mucho	저는 많이 먹는 걸 아주 좋아해요.

> **잠깐** 동사를 꾸며주는 mucho는 동사 바로 뒤에 위치시켜야 해요.

(el) piano [삐아노] 피아노　(la) leche [레체] 우유

연습문제 - 말하기

1 오늘의 핵심 문장 듣고 따라 읽기

1. Me gusta viajar.   저는 여행하는 것을 좋아해요.
2. Me gustan los perros.   저는 강아지들을 좋아해요.
3. No me gusta beber.   저는 술 마시는 것을 싫어해요.
4. ¿Qué te gusta hacer?   너는 뭘 하는 걸 좋아하니?
5. A mí tampoco me gusta.   저도 좋아하지 않아요.

2 핵심 문법 문장 따라 읽기

1. Me duele la cabeza.   저는 머리가 아파요.
2. Me duelen las piernas.   저는 다리가 아파요.
3. ¿Te duele el estómago?   너는 배가 아프니?
4. A mí también me duele la cabeza.   저도 머리가 아파요.

3 핵심 관용표현 따라 읽기

1. un día   어떤 날, (미래의) 언젠가
2. media naranja   천생연분, 운명의 반쪽
3. ¿Por qué no?   왜 그렇지 않은데요?
4. Me gustas tú.   나는 네가 좋아.

연습문제 – 듣기

1 단어, 관용표현 듣고 받아쓰기

① _____

② _____

③ _____

④ _____

⑤ _____

2 잘 듣고 빈칸에 알맞은 단어를 써 넣으세요.

① Me _____ los deportes.

② No _____ esta canción.

③ ____ mi padre no ____ gusta el café.

④ ¿____ gusta el jugo de _____?

⑤ A él ____ gusta estudiar otros _____.

⑥ ¿____ gusta ir de _____?

⑦ A mí _____ me gusta la _____.

⑧ A mí me _____ mucho las _____.

연습문제 – 쓰기

1 따라 쓰고 읽어 보기

① Me gusta el fútbol.

② No me gusta mucho cantar.

③ A mí también me gusta viajar.

④ Creo que le gusto mucho yo.

⑤ No me duele el estómago.

> **TIP 다시 한번 체크해 봐요!**
> - 주어와 목적어를 헷갈리지는 않았나요?
> - 동사변형은 문법적 주어(=의미상의 목적어)를 따라 변형했나요?
> - también, tampoco 등의 부사 위치는 적절하였나요?

2 문장 작문하기

① 너는 여행하는 것을 좋아하니?

② 너는 뭘 좋아하니?

③ 저도 좋아해요.

④ 타마라는 안드레스를 좋아해.

⑤ (나는) 네가 축구를 좋아하지 않는다고 생각해.

⑥ 저의 부모님은 중국 음식을 좋아해요.

Havana
[아바나]

쿠바의 수도 아바나

대표적인 중남미의 여행지 하면 어떤 곳들이 떠오르나요? 마추픽추, 멕시코의 칸쿤, 우유니 사막, 부에노스 아이레스 등 유명한 관광지와 여행지들이 많지만, 요즘 가장 핫한 라틴아메리카 여행지라면 역시 '카리브해의 진주'(la Perla de Caribe), 쿠바를 빼놓을 수가 없는데요. 오늘은 쿠바의 수도 아바나(Havana)에 대한 이야기를 해 볼게요.

미국의 금주법 시행으로 인해 유흥을 즐기려는 미국 자본이 대거 쿠바로 유입되면서, 1940년대와 50년대 쿠바에서는 클럽, 고급 호텔, 카지노가 크게 번성하기 시작했어요. 그런데 1953년 쿠바 사회주의 혁명이 성공하면서 쿠바는 서방 세계로부터 고립되었고, 그 결과 1950년대 미국의 모습이 마치 시간이 멈춘 듯 그대로 보존되었습니다. 특히 지금도 쿠바의 수도 아바나 전역을 달리고 있는 형형색색의 올드카들은 아직도 그 정취를 뽐내고 있답니다.

이밖에도 어딜 가나 볼 수 있는 혁명 영웅 체 게바라의 흔적들, 쿠바를 상징하는 술 모히또(mojito)와 럼주를 들고 길거리에서 살사 리듬에 맨발로 춤을 추는 사람들의 해맑은 모습들, 시가를 입에 물고 아바나의 상징인 말레꼰(Malecón) 방파제에 여유롭게 앉아 석양을 즐기는 모습들은, 어두운 무채색일 줄만 알았던 사회주의 속에서 쿠바만의 강렬한 색채를 느끼게 하는 묘한 순간들입니다.

시간이 더디게 가는 그곳, 쿠바의 아바나도 이제 자본주의의 물결과 함께 개방이 시작되면서 이러한 특유의 분위기가 점차 사라져 가고 있어요. 그 전에 꼭 여러분들도 쿠바의 매력을 맛보길 바랍니다.

단어

- (la) perla [뻬를라] 진주
- (el) mojito [모히또] 럼, 레몬즙, 물, 설탕, 민트 등으로 만드는 쿠바의 칵테일
- (el) ron [론] 럼주
- (el) malecón [말레꼰] 제방, 방파제

11

내게 사실을 말해줘.
Dime la verdad.

명령법

상대방에게 '~해', 혹은 '~해 주세요' 처럼 명령이나 부탁을 할 때 쓸 수 있는 표현을 배워볼 거예요. 명심하세요. 명령법이라 해서 반드시 고압적인 표현만 있는 건 아니고, 상대방에게 정중하게 부탁할 때도 쓰일 수 있는 표현이라 일상 생활에서 많이 쓰인답니다.

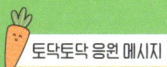 토닥토닥 응원 메시지

A mí me gustan los retos. "나는 도전하는 게 좋아요!" 매일 매일 새로운 도전을 좋아하는 여러분의 스페인어 실력이 쑥쑥 늘고 있어요! 우리 지금처럼 계속 즐거운 마음으로 도전해 봐요.

10과 복습

1 다음 단어들을 올바른 어순으로 나열해 보세요.

❶ mucho | me | canción | No | esta | gusta

_____

❷ te | pie | ti | el | A | duele

¿ _____ ?

2 주어진 인칭에 맞는 표현으로 인칭대명사와 동사를 넣고 해석해 보세요.

❶ _____ (gustar, a mí) viajar.

❷ ¿Qué _____ (gustar, a ti) hacer los fines de semana?

❸ A mi mamá _____ (gustar) los gatos.

❹ A mí _____ (doler) mucho las piernas.

3 다음 문장을 완성해 보세요.

❶ 너는 오렌지 주스를 좋아하니?   ¿A _____ te gusta el _____ de naranja?

❷ 나는 쇼핑가는 걸 좋아해. 너는?   Me gusta _____ de compras, ¿y a _____?

❸ 저도 여행하는 걸 좋아해요.   A mí _____ me gusta viajar.

❹ 내 생각엔 그녀가 나를 좋아하는 것 같아.   _____ que le _____ yo.

4 알맞은 단어나 관용표현을 연결시키고, 다섯 번씩 읽어 보세요.

나는 네가 좋아.   •   •   media naranja

쇼핑 가다   •   •   Me gustas tú.

천생연분   •   •   un día

언젠가   •   •   ir de compras

단어

poner	뽀네르	놓다, 두다 1인칭 -go 불규칙 변형
gente	헨떼	사람들 f 집합명사
amable(s)	아마블레	친절한, 다정한
zona	쏘나	지역, 구역 f
peligroso/a	뻴리그로쏘	위험한
besar	베싸르	키스하다
mochila	모칠라	배낭, 백팩 f
flor(es)	f플로르	꽃 f
Barcelona	바르쎌로나	스페인 동북부 카탈루냐 주의 주도 바르셀로나
Sevilla	쎄비야	스페인 남부 안달루시아 주의 주도 세비야
ciudad	씨우닫	도시 f
arreglar	아r레글라르	정리하다
supuesto	쑤뿌에스또	가정, 가설 m
esperar	에스뻬라르	기대하다, 기다리다
momento	모멘또	순간, 잠깐 m
primero/a	쁘리메로	먼저, 첫 번째의
limpio/a(s)	림삐오	깨끗한
oír	오이르	듣다 1인칭 -go 불규칙 변형
bonito/a(s)	보니또	예쁜
ropa	r로빠	옷 f
ridículo/a(s)	r리디꿀로	바보같은, 우스꽝스러운
¡Caramba!	까람바	이런! 제길! 어머나!
mujer	무헤르	여자 f
vergüenza	베르구엔싸	수치, 부끄러움 f
bastar	바스따르	충분하다

03 문장

인칭별 명령형 동사변형

¡Ayuda a los amigos!　(너) 친구들을 도와줘!

¡No ayudes a los amigos!　(너) 친구들을 돕지 마!

¡Ayude a los amigos!　(당신) 친구들을 도와주세요!

¡No ayude a los amigos!　(당신) 친구들을 도와주지 마세요!

¡Ayudad a los amigos!　(너희들) 친구들을 도와줘!

¡No ayudéis a los amigos!　(너희들) 친구들을 도와주지 마!

¡Ayuden a los amigos!　(당신들) 친구들을 도와주세요!

¡No ayuden a los amigos!　(당신들) 친구들을 도와주지 마세요!

핵심문장

¡Toma mucha agua!　(너) 많은 물을 마셔!

¡No comas mucho por la noche!　(너) 밤에 많이 먹지 마!

¡Bésame mucho!　(너) 나에게 많이 키스해줘!

¡Dime la verdad!　(너) 나에게 사실을 말해!

¡No lo toques!　(너) 그것을 만지지 마!

¡Pásamelo!　(너) 나에게 그것을 건네줘!

문법

명령법

명령법의 인칭

기본적으로 명령법(명령형)은 2인칭 대상에게 쓰는 어형이지만 문법적으로 nosotros(우리들)에게 사용하여 '~하자'라는 청유의 의미도 담을 수 있어요. 우리는 이 책에서 tú, Ud., vosotros, Uds.의 네 가지 인칭의 긍정, 부정명령형을 배워 볼 거예요.

긍정명령형 "~해", "~하세요"			
	-ar	-er	-ir
tú	-a	-e	
Ud.	-e	-a	
vosotros	-ad	-ed	-id
Uds.	-en	-an	

부정명령형 "~하지 마", "~하지 마세요"			
	-ar	-er	-ir
tú	No -es	No -as	
Ud.	No -e	No -a	
vosotros	No -éis	No -áis	
Uds.	No -en	No -an	

불규칙 명령형

동사원형	tú (+)	tú (−)	vosotros (+)	vosotros (−)	Ud. (+/−)	Uds. (+/−)
salir	sal	no salgas	salid	no salgáis	salga / no salga	salgan / no salgan
venir	ven	no vengas	venid	no vengáis	venga / no venga	vengan / no vengan
poner	pon	no pongas	poned	no pongáis	ponga / no ponga	pongan / no pongan
hacer	haz	no hagas	haced	no hagáis	haga / no haga	hagan / no hagan
tener	ten	no tengas	tened	no tengáis	tenga / no tenga	tengan / no tengan
decir	di	no digas	decid	no digáis	diga / no diga	digan / no digan
ir	ve	no vayas	id	no vayáis	vaya / no vaya	vayan / no vayan
ser	sé	no seas	sed	no seáis	sea / no sea	sean / no sean

문법

❶ Tú 긍정, 부정명령형

¡Toma mucha agua!　(너) 많은 물을 마셔!

¡No tomes mucho café!　(너) 커피를 많이 마시지 마!

¡Come mucho por la mañana!　(너) 아침에 많이 먹어!

¡No comas mucho por la noche!　(너) 밤에 많이 먹지 마!

¡Vive en esta zona! La gente es muy amable.　(너) 이 지역에서 살아! 사람들이 아주 친절해.

¡No vivas en esta zona! Es un poco peligrosa.　(너) 이 지역에서 살지 마! 약간 위험해.

> 명령형의 말투를 살리기 위해 느낌표를 넣어주었지만, 명령형에 반드시 느낌표가 들어가야 하는 건 아니에요.

❷ 다양한 인칭의 명령형

¡Ayuda a los amigos!　(너) 친구들을 도와줘!

¡Ayude a los amigos!　(당신) 친구들을 도와주세요!

¡Ayudad a los amigos!　(너희들) 친구들을 도와줘!

¡Ayuden a los amigos!　(당신들) 친구들을 도와주세요!

❸ 목적격 대명사와 함께 쓰기

기억하나요? 목적격 대명사가 후치되는 경우 1.동사원형 2.현재분사 3.긍정명령형! 긍정명령형일 땐 목적격 대명사를 동사 뒤에 붙여서, 부정명령형일 땐 동사 앞에 써주도록 할게요.

¡Ayúdame!　(너) 나를 도와줘!

¡Bésame mucho!　(너) 나에게 많이 키스해줘!

¡Dime la verdad!　(너) 나에게 사실을 말해!

¡No me digas la verdad!　(너) 나에게 사실을 말하지 마!

¡Pásamelo!　(너) 나에게 그것을 건네줘!

¡No lo toques!　(너) 그것을 만지지 마!

¡Hazlo!　(너) 그것을 해!

¡No lo hagas!　(너) 그것을 하지 마!

> 동사 besa 뒤에 me가 붙으면서 음절이 늘어나 강세에 영향을 줬네요.
> 이럴 땐 원래 강세에 맞게 반드시 강세표시 tilde를 찍어줘야 해요.

06 문법 플러스

소유격

소유격 형용사의 종류

 3인칭 단,복수 소유격은 형태가 모두 같아서 헷갈리기 쉬우니 유의해 주세요.

인칭	전치형(+명사)	(명사+)후치형	인칭	전치형(+명사)	(명사+)후치형
나의	mi(s)	mío/a(s)	우리의	nuestro/a(s)	nuestro/a(s)
너의	tu(s)	tuyo/a(s)	너희의	vuestro/a(s)	vuestro/a(s)
그/그녀/당신의	su(s)	suyo/a(s)	그들/그녀들/당신들의	su(s)	suyo/a(s)

예
mi casa / la casa mía   나의 집
mis casas / las casas mías   나의 집들
su libro / el libro suyo   그/그녀/당신/그들/그녀들/당신들의 책
sus libros / los libros suyos   그/그녀/당신/그들/그녀들/당신들의 책들
nuestro gato / el gato nuestro   우리들의 고양이
nuestros gatos / los gatos nuestros   우리들의 고양이들

후치형 형용사의 활용 1

 소유하고 있는 주인이 아닌 피소유물을 기준으로 성과 수를 일치해줘야 해요.

ser + 후치형용사 : 주어가 누구의 소유인지를 묘사해주는 경우에 사용해요.

El cocho es mío.   (그) 자동차는 제 거예요.
La mochila es mía.   (그) 배낭은 제 거예요.
Los libros son míos.   (그) 책들은 제 거예요.
Las flores son suyas.   (그) 꽃들은 그/그녀/당신/그들/그녀들/당신들 거예요.

07 문법 플러스

소유격

후치형 형용사의 활용 2

정관사 + 후치형 형용사 : 앞에서 언급된 명사 반복하지 않고 대명사로 받아줄 때 사용해요.

- A Mis padres son de Barcelona.   우리 부모님은 바르셀로나 출신이야.
  ¿Y los tuyos?   너희는(너희 부모님은)?
  B Los míos son de Sevilla.   우린(우리 부모님은) 세비야 출신이야.

- A Hoy es el compleaños de mi hermano.   오늘은 내 남자형제의 생일이야.
  B ¿Cuándo es el tuyo?   네 건(네 생일은) 언제인데?

소유 묻고 답하기 연습

- A ¿De quién es aquella casa? ¿Es tuya?   저 집은 누구 거야? 네 거야?
  B No es mía. Es de Andrés.   내 게 아니야. 안드레스의 거야.
  A ¿Dónde está la casa de Tamara?   타마라의 집은 어디에 있어?
  B La suya está en otra ciudad.   그녀의 것은(집은) 다른 도시에 있어.

인칭을 지칭하는 일반 명사나 의문사(quién)의 소유를 나타낼 때는 '피소유물 de 소유자'의 형태로 써줘야 해요.

귀엽게 표현하기 'Diminutivo'

여러분 '아가씨'라는 뜻의 '세뇨리따'(señorita)라는 말을 들어 보셨나요? 이 단어는 원래 '부인' 혹은 '아주머니'을 뜻하는 señora에서 파생된 말인데요, 이렇게 어떤 단어를 작고 귀엽게 표현하는 형태를 스페인어에서는 'Diminutivo'(지소사)라고 하고 아주 광범위하게 사용돼요.

단어의 어미에 –ito/–ita, –cito/–cita의 형태를 추가해서 써주는데요, 자연스러운 회화 표현에서 특히 많이 쓰이니까 메모해 두고 사용해 보아요.

단어	Diminutivo(지소사)
chico / chica 소년 / 소녀	chiquito / chiquita (친근함을 담아) 작은 소년 / 소녀
señor / señora (보통 중년 정도 나이 이후의) 남자 분 / 여자 분	señorito / señorita (좀 더 젊은 느낌의) 남자 분 / 여자 분
perro 개	perrito 강아지
casa 집	casita 아늑한 느낌의 작은 집
café 커피	cafecito 커피 조금, 커피 한 잔
despacio 천천히	despacito 조금씩 천천히
poco 적은, 적게	poquito 조금 더 적은, 적게
ahora 지금	ahorita 방금, 잠시 후

단순히 물리적인 크기를 작게 표현하는 것이 아닌, 그러한 느낌을 주는 단어이기 때문에 우리나라 말로는 조금 더 자연스럽고 온화한 말투를 사용할 때 쓰는 경우도 많이 있답니다.

챙겨가자 꿀표현 – "실례합니다"

상대방에게 부탁하거나 조심스럽게 말을 걸 때, 불가피하게 불편을 줄 때 쓸 수 있는 표현이겠죠?

¡Perdona! / ¡Perdone!
실례합니다!, 저기요.

¡Disculpa! / ¡Disculpe!
실례합니다!, 저기요.

¡Con permiso!
당신의 허락을 빌어, 실례합니다

단어

perdonar [뻬르도나르] 용서하다   disculpar [디스꿀빠르] 용서하다   (el) permiso [뻬르미쏘] 허락

09 회화

Tamara: Andrés, ven aquí. Ayúdame a arreglar las fotos.

Andrés: Por supuesto. Espera un momento.
Tengo que limpiar mi mesa primero.

Sangmin: Ya está muy limpia tu mesa. No la limpies.
Oye, Tamara, yo te ayudo.

Tamara: Gracias, Sangmin. Mira estas fotos.
Están bonitas, ¿verdad?

Sangmin: Y ¿qué tal esta de aquí con ropa ridícula?

Andrés: ¿A ver? ¿Qué foto?

Tamara: ¡Caramba!, no la miréis.

Andrés: Mujer, enséñanosla.

Sangmin: No tengas vergüenza, Tamara.

Tamara: ¡Ya basta... salid de aquí los dos!

Tamara	Andrés, ven aquí. Ayúdame a arreglar las fotos. 안드레스, 이리 와 봐. 사진들을 정리하게 날 도와줘.	ven은 venir 동사의 2인칭 단수 명령형이에요. ayudar a + 동사원형 ~하도록 도와주다 목적격 대명사 me가 동사 뒤에 후치됐어요.
Andrés	Por supuesto. Espera un momento. 물론이지. 잠깐 기다려 봐. Tengo que limpiar mi mesa primero. 내 책상을 먼저 정리해야 해.	primero는 '첫 번째의'라는 뜻의 형용사지만, 부사로 쓰이는 경우 '먼저', '일단'이라는 의미로 쓰여요. por supuesto 물론, 당연하지
Sangmin	Ya está muy limpia tu mesa. No la limpies. 네 책상 이미 아주 깨끗해. 청소하지 마. Oye, Tamara, yo te ayudo. 어이, 타마라. 내가 널 도와줄게.	목적격 대명사 la의 위치: 동사변형이 부정명령형인 경우 동사 앞에 놓여요. Oye : '듣다'라는 의미의 oír 동사 tú 긍정명령형으로 "들어봐" → "이봐"라는 의미로 사용해요.
Tamara	Gracias, Sangmin. Mira estas fotos. 고마워, 상민아. 이 사진들을 좀 봐. Están bonitas, ¿verdad? 예쁘지, 그렇지?	
Sangmin	Y ¿qué tal esta de aquí con ropa ridícula? 여기 웃기는 옷 입은 이 사진은?	¿qué tal…? ~는 어떠한가?
Andrés	¿A ver? ¿Qué foto? 어디 볼까? 무슨 사진?	a + 동사원형은 '~하자, ~해 볼까?'라는 느낌으로 혼잣말하듯 쓰는 표현이에요.
Tamara	¡Caramba!, no la miréis. 어머나! 그거 보지 마!	¡Caramba!는 '젠장!' 정도의 탄식을 표현해요.
Andrés	Mujer, enséñanosla. 이이 아가씨, 보여달라구!	긍정명령형 enseña 뒤로 '간목(우리에게) + 지목(그것을)'의 순시로 목적격 대명사가 쓰였어요. mujer 상대방 여자를 다그치듯 부르는 말
Sangmin	No tengas vergüenza, Tamara. 부끄러워 하지 마, 타마라.	tener vergüenza 수치심을 갖다, 부끄러워 하다
Tamara	¡Ya basta… salid de aquí los dos! 됐어. 너희 둘 다 여기서 나가!	¡Ya basta!는 '이제 충분해!', '적당히 해!', '그만해!'라며 다그치는 표현이에요. los/las 복수 숫자는 (사람, 사물 모두를 지칭하며) '전부(모든 숫자들) 다'라는 의미예요.

패턴 플러스

1 A una foto. 긍정명령형 + 목적격 대명사 후치 (띄어쓰기 없이 후치)

Mándame		(너) 나에게 사진 하나를 보내줘.
Mándale	una foto	(너) 그/그녀에게 사진 하나를 보내줘.
Mándanos		(너) 우리에게 사진 하나를 보내줘.
Mándales		(너) 그들/그녀들에게 사진 하나를 보내줘.

2 A mandes la foto. 목적격 대명사 + 부정명령형

No me		(너) 그 사진을 나에게 보내지 마.
No le	mandes la foto	(너) 그 사진을 그/그녀에게 보내지 마.
No nos		(너) 그 사진을 우리에게 보내지 마.
No les		(너) 그 사진을 그들/그녀들에게 보내지 마.

3 A lo más pronto posible! 간접목적격 대명사 + 직접목적격 대명사를 받는 다양한 동사들

¡Mándamelo		(너) 나에게 그것을 가능한 한 빨리 보내줘.
¡Dámelo		(너) 나에게 그것을 가능한 한 빨리 줘.
¡Dímelo	lo más pronto posible!	(너) 나에게 그것을 가능한 한 빨리 말해줘.
¡Escríbemelo		(너) 나에게 그것을 가능한 한 빨리 써줘.
¡Enséñamelo		(너) 나에게 그것을 가능한 한 빨리 가르쳐줘.

TIP 목적어를 반복하지 않기 위해 목적격 대명사를 쓸 때에는 항상 위치에 유의해 주세요.

직접목적격 대명사		간접목적격 대명사	
me 나를	nos 우리를	me 나에게	nos 우리에게
te 너를	os 너희를	te 너에게	os 너희에게
lo / la 그를/그녀를	los / las 그들을/그녀들을	le 그/그녀에게 (구분X)	les 그들/그녀들에게 (구분X)

단어

mandar [만다르] 보내다   posible [뽀씨블레] 가능한   lo más pronto posible [로 마스 쁘론또 뽀씨블레] 가능한 한 빨리

연습문제 - 말하기

1 오늘의 핵심 문장 듣고 따라 읽기

❶ Toma mucha agua.   (너) 많은 물을 마셔.

❷ Bésame mucho.   (너) 나에게 많이 키스해줘.

❸ Dime la verdad.   (너) 나에게 사실을 말해.

❹ No me la enseñes.   (너) 나에게 그것을 보여주지 마.

❺ No tengas vergüenza.   (너) 부끄러워 하지 마.

2 핵심 문법 문장 따라 읽기

❶ El cocho es mío.   (그) 자동차는 제 거예요.

❷ ¿Es suyo?   (그것은) 그/그녀/당신/그들/그녀들/당신들의 것인가요?

❸ El tuyo está allí.   너의 것은 저기에 있어.

❹ ¿De quién es aquella casa?   저 집은 누구 거예요?

3 핵심 관용표현 따라 읽기

❶ Por supuesto.   물론이지, 당연하지.

❷ ¿A ver?   어디 보자, 어디 볼까?

❸ ¡Caramba!   이런, 제길, 어머나!

❹ ¡Ya basta!   그만해, 적당히 해!

연습문제 - 듣기

1 단어, 관용표현 듣고 받아쓰기

① _____
② _____
③ _____
④ _____
⑤ _____

2 잘 듣고 빈칸에 알맞은 단어를 써 넣으세요.

① ¡No _____ mucho por la noche!
② ¡No me _____ la _____!
③ _____ .
④ No _____ _____ .
⑤ ¡ _____ a los amigos!
⑥ La _____ está en otra _____ .
⑦ La casa es ____ ____ abuela.
⑧ ¿ ____ quién son _____ zapatos?

단어

(el) zapato [싸빠또] 신발(주로 복수 zapatos 형태로 사용)

14 연습문제 – 쓰기

1 따라 쓰고 읽어 보기

1. ¡Vive en esta zona!

2. ¡Pásamelo!

3. ¡No lo toques!

4. No se los regales.

5. ¿Cuándo es el tuyo?

2 문장 작문하기

TIP 다시 한번 체크해 봐요!
- 인칭에 맞는 명령형 동사변형을 했나요?
- 목적격 대명사는 동사를 기준으로 적절한 위치에 써주었나요?
- 소유격 형용사를 인칭과 형식에 맞게 사용하였나요?

1. (너) 나를 (내말을) 들어 봐.

2. (너) 지금 집에 가지 마.

3. (너) 행복해라!

4. (너희들) 그녀를 도와줘.

5. (당신) 두려워하지 마세요. (두려움을 갖지 마세요)

6. (너) 지금 당장 교실에서 나가!

7. 제 것이 아니에요.

단어

ahora mismo [아오라 미스모] 지금 당장

Tequila
[떼낄라]

멕시코 대표 술 떼낄라

위스키, 보드카, 럼, 진 등과 함께 약 38도의 강한 술 중 하나인 Tequila(떼낄라)를 알고 계시나요? 멕시코를 대표하는 술(licor) 중 하나이고 우리에게도 잘 알려진 술이죠.

다른 것을 섞지 않고 샷으로도 많이 먹지만 다양하게 칵테일로도 만들어 먹는 이 술은 agave라고 불리는 알로에를 닮은 선인장의 밑동을 쪄서 만드는 증류주예요. 그래서 agave 특유의 향과 그을린 향(불향)이 살아있어요.

떼낄라는 Mezcal(메스깔)이라는 술의 한 종류인데요, 멕시코 중서부의 Guadalajara 근처에 있는 작은 마을 Tequila라는 곳을 중심으로 생산된 메스깔이 유명해지면서 지명 자체가 술의 이름이 되었다고 해요. 이 마을에 가면 한 병에 2, 3천 원짜리의 떼낄라부터 수천만 원을 호가하는 떼낄라까지 볼 수 있죠. 그리고 두 발로 걸어 들어갔다가 갓 증류된 샘플을 연거푸 때려 넣고 끝까지 투어를 끝내지 못하거나 네 발로 기어 나오는 떼낄라 박물관(Museo Nacional de Tequila)도 있으니 꼭 방문해 보시길 추천드려요.

레몬 즙을 짠 손등에 소금을 뿌려 먼저 소금을 혀로 핥아먹고 술을 마시거나, 마지막에 레몬 즙을 빨아 먹는 방식으로 떼낄라를 즐기는 게 일반적이니 꼭 기억해 두었다가 떼낄라를 먹을 때 꼭 써먹길 바라요!

아 그리고! 이제부터는 '데킬라'가 아니라 '떼낄라'라고 정확하게 발음하는 것도 잊지 마세요.

단어

- (el) agave [아가베] 용설란
- (el) licor [리꼬르] 술 (주로 독주)
- (el) museo [무쎄오] 박물관

12

저는 아침 여섯 시에 일어나요.
Me levanto a las seis de la mañana.

재귀동사

자기 자신을 목적어로 취하는 동사를 재귀동사라고 해요. 원래의 뜻에서 확장되어 새로운 의미로 해석이 되죠. 일상 생활에 쓰는 표현이 많으니 잘 익혀 놓고 익숙해져야 한답니다.

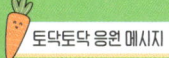 토닥토닥 응원 메시지

Da lo mejor de ti. "너의 최선을 다해줘!"
잘 안될 때도 있고 어려울 때도 있지만 늘 최선을 다한다면 절대로 후회는 남지 않을 거예요. 후회가 남지 않게 우리가 할 수 있는 최선을 보여주자구요!

01 11과 복습

1 다음 단어들을 올바른 어순으로 나열해 보세요.

① No | zona | en | vivas | esta

_____

② son | zapatos | De | estos | quién

¿ _____ ?

2 주어진 인칭에 맞는 명령형을 넣고 해석해 보세요.

① _____ (mirar, tú) esta foto.

② No _____ (tener, tú) vergüenza.

③ _____ (beber, vosotros) mucha cerveza.

④ _____ (leer, Uds.) este libro por favor.

3 다음 문장을 완성해 보세요.

① (너) 나에게 사실을 말해.   _____ la verdad.

② 그 배낭은 그녀 거야.   La mochila es _____ .

③ 나에게 그것(남성명사)을 보여주지 마.   No _____ _____ enseñes.

④ 내 책은 여기에 있어, 네 건 어딨어?   _____ libro está aquí y ¿dónde está _____ ?

4 알맞은 단어나 관용표현을 연결시키고, 다섯 번씩 읽어 보세요. ○ ☐ ☐ ☐ ☐

어디 보자, 어디 볼까?   •   •   Por supuesto.

그만해, 적당히 해.   •   •   ¿A ver?

물론, 당연히.   •   •   Ya basta.

실례합니다!   •   •   ¡Perdone!

단어

levantarse	레반따르쎄	일어나다
irse	이르쎄	가 버리다, 떠나다
llamarse	야마르쎄	～라고 불리다, 이름이 ～이다
acostarse	아꼬스따르쎄	잠자리에 들다, 눕다 o···ue
ducharse	두차르쎄	샤워하다
ponerse	뽀네르쎄	옷 입다
comerse	꼬메르쎄	먹어치우다
dormirse	도르미르쎄	잠에 빠지다 o···ue
olvidarse	올비다르쎄	잊어버리다
morirse	모리르쎄	죽어 버리다 o···ue
abrigo	아브리고	코트 m
afuera	아f푸에라	밖으로, 밖에, 밖에서
verse	베르쎄	보여지다
por	뽀르	～때문에
¡Anda!	안다	헉, 대단해
luego	루에고	나중에, 후에
afeitarse	아f페이따르쎄	면도하다
traje	뜨라헤	정장 m
así que	아씨 께	그래서
idea	이데아	생각, 아이디어 f
molestar	몰레스따르	귀찮게 하다, 괴롭히다 역구조 동사
temprano	뗌쁘라노	일찍

 문장

인칭별 재귀동사 현재시제 문장 만들기

Me levanto a las siete.   저는 일곱 시에 일어나요.

Te levantas a las siete.   너는 일곱 시에 일어나는구나.

Se levanta a las siete.   그/그녀/당신은 일곱 시에 일어나요.

Nos levantamos a las siete.   우리는 일곱 시에 일어나요.

Os levantáis a las siete.   너희는 일곱 시에 일어나는구나.

Se levantan a las siete.   그들/그녀들/당신들은 일곱 시에 일어나요.

핵심문장

Me llamo Andrés.   제 이름은 안드레스예요.

Ya me voy.   저는 이제 가요.

Me acuesto a las diez.   (저는) 열 시에 잠자리에 들어요.

Está duchándose en el baño.   (그는) 욕실에서 샤워하고 있어요.

Ponte el abrigo.   (너) 코트를 입어.

Cásate conmigo.   (너) 나와 결혼해줘.

문법

재귀동사

재귀동사란

재귀동사에서는 목적격 대명사 대신 재귀대명사를 동사와 반드시 함께 써줘야 해요.

동사의 인칭과 목적어의 인칭이 일치하는 형태로 쓰이는 동사를 재귀동사라 해요. 즉 자기 자신을 목적어로 취하는 경우예요. 재귀동사형으로 사용해서 새로운 의미를 만들 수 있어요.

예) llamar 부르다, 전화걸다   llamarse 스스로를 ~라고 부르다, ~라고 불리다 (이름이 ~이다)

재귀대명사	llamarse + 이름
me 나 자신을	Me llamo Andrés. 제 이름은 안드레스예요.
te 너 자신을	Te llamas Andrés. 네 이름이 안드레스구나.
se 그/그녀/당신 자신을	Se llama Andrés. 그의 이름은 안드레스예요.
nos 우리 자신을	Nos llamamos BTS. 우리 이름은 BTS예요.
os 너희 자신을	Os llamáis BTS. 너희 이름이 BTS구나.
se 그들/그녀들/당신들 자신을	Se llaman BTS. 그들의 이름은 BTS예요.

다양한 재귀동사 (-se형)

인칭	levantarse 일어나다
yo	me levanto
tú	te levantas
él, ella, Ud.	se levanta
nosotros/as	nos levantamos
vosotros/as	os levantáis
ellos, ellas, Uds.	se levantan

재귀동사의 대표 격은 3인칭 재귀동사인 se를 활용하기 때문에 '-se'형 동사라고도 부른답니다.

재귀동사의 기타 용법

강조 용법

재귀대명사와 함께 일반 동사를 쓰면 '~해 버리다'라는 의미로도 사용될 수 있어요.

예 ir 가다   irse 가 버리다, 떠나다, 자리를 뜨다

재귀대명사	irse 가 버리다, 떠나다
me	Me voy 저는 떠나요
te	Te vas 너는 떠나는구나
se	Se va 그/그녀/당신은 떠나요
nos	Nos vamos 우리는 떠나요
os	Os vais 너희는 떠나는구나
se	Se van 그들/그녀들/당신들은 떠나요

A ¿Ya te vas?   (너는) 벌써 가는 거야?
B Sí, ya tengo que irme. Perdón.   응, 이제 가야 해. 미안해.

강조용법으로 쓰이는 재귀동사

인칭	comer 먹다 comerse 먹어치우다
yo	me como
tú	te comes
él, ella, Ud.	se come
nosotros/as	nos comemos
vosotros/as	os coméis
ellos, ellas, Uds.	se comen

문법 플러스

재귀동사로 묻고 답하기

잊지 마세요! 지금 연습하는 현재시제는 1. 일반적, 습관적 행동, 2. 현재의 행동, 3. 가까운 미래의 행동을 다룰 때 사용할 수 있어요.

인칭	ducharse 샤워하다	ponerse 옷 등을 입다	acostarse 잠자리에 들다 (o → ue)
yo	me ducho	me pongo	me acuesto
tú	te duchas	te pones	te acuestas
él, ella, Ud.	se ducha	se pone	se acuesta
nosotros/as	nos duchamos	nos ponemos	nos acostamos
vosotros/as	os ducháis	os ponéis	os acostáis
ellos, ellas, Uds.	se duchan	se ponen	se acuestan

A ¿A qué hora te levantas normalmente? (너는) 보통 몇 시에 일어나니?
B Me levanto a las ocho y media. (나는) 여덟 시 반에 일어나.

A ¿A qué hora te acuestas normalmente? (너는) 보통 몇 시에 잠자리에 드니?
B Me acuesto a las diez. (나는) 열 시에 잠자리에 들어.

A ¿Cuántas veces te duchas al día? (너는) 하루에 몇 번 샤워를 하니?
B Me ducho una vez por la mañana. (나는) 아침에 한 번 샤워를 해.

A ¿Qué está haciendo Andrés? 안드레스는 뭘 하고 있나요?
B Está duchándose en el baño. (그는) 욕실에서 샤워하고 있어요.

A Ponte el abrigo. Hace frío afuera. (너) 코트를 입어. 밖에 추워.
B Pero no quiero ponerme el abrigo. 하지만 (나는) 코트를 입고 싶지 않아.

단어

al día [알 디아] 하루에

문법 플러스

강조용법의 재귀동사 예문

인칭	dormir 잠자다 dormirse 잠에 빠지다 (o → ue)	olvidar 잊다 olvidarse 잊어버리다	morir 죽다 morirse 죽어 버리다 (o → ue)
yo	me duermo	me olvido	me muero
tú	te duermes	te olvidas	te mueres
él, ella, Ud.	se duerme	se olvida	se muere
nosotros/as	nos dormimos	nos olvidamos	nos morimos
vosotros/as	os dormís	os olvidáis	os morís
ellos, ellas, Uds.	se duermen	se olvidan	se mueren

Ella se va hoy. 그녀가 오늘 떠나가요.

¿Cuándo te vas a ir? (너는) 언제 떠날 거니? / 언제 (이곳을) 떠날 거니?

¡Vete! (너) 가 버려!, 꺼져 버려!

¡Cómete todo! (너) 전부 먹어치워!

¡No te duermas en la clase! (너) 수업에서 잠들지 마!

Siempre te olvidas de todo. (너는) 항상 전부 다 까먹는구나.

Me muero de hambre. (저는) 배고파 죽겠어요.

단어

morirse de... [모리르쎄 데] ~때문에 죽겠다

08 플러스 표현

직업을 나타내는 단어들

¿A qué te dedicas? (너는) 어떤 일에 종사하니?

즉 직업을 묻는 표현인데요. 이때 여러 가지 직업을 나타내는 단어를 알고 있어야 하겠죠? 대답할 때는 'Yo soy (직업명)'의 형태로 간단히 대답할 수 있어요.

단어	의미	단어	의미
enfermero/a 엔f페르메로/라	간호사	bombero/a 봄베로/라	소방관
policía 뽈리씨아	경찰	cocinero/a 꼬씨네로/라	요리사
funcionario/a f풍씨오나리오/아	공무원	atleta, deportista 아뜰레따/데뽀르띠스따	운동선수
científico/a 씨엔띠f피꼬/까	과학자	conductor(a), chófer 꼰둑또르/라, 초f페르	운전기사
soldado/a 쏠다도/다	군인	peluquero/a 뺄루께로/라	이발사, 미용사
empresario/a 엠쁘레싸리오/아	기업인, 사업가	autor(a) 아우또르/라	작가
periodista 뻬리오디스따	기자	ama de casa 아마 데 까싸	주부
diseñador(a) 디쎄냐도르/라	디자이너	camarero/a 까마레로/라	웨이터, 웨이트리스
actor/actriz 악또르/악뜨리스	배우	programador(a) 쁘로그라마도르/라	프로그래머
abogado/a 아보가도/다	변호사	artista 아르띠스따	예술가
azafato/a 아싸f파또/따	객실 승무원	contador(a) 꼰따도르/라	회계사

챙겨가자 꿀표현 – "축하해"

여러가지 상황에서 축하할 때 쓸 수 있는 표현들을 배워 보아요.

¡Felicidades! / ¡Enhorabuena! 축하해요!

¡Feliz cumpleaños! 생일 축하해!

¡Me alegro por ti! 정말 잘됐다! (너의 일에 나도 기뻐)

단어

dedicarse a [데디까르쎄 아] ~에 종사하다   (la) felicidad [f펠리씨닫] 행복   alegrarse [알레그라르쎄] 기쁘다

회화

Tamara Andrés, te ves muy ocupado estos días.

Andrés La verdad es que sí estoy ocupado por mi trabajo.

Tamara ¿A qué hora te levantas?

Andrés Me levanto a las cinco todos los días.

Tamara ¡Anda! ¿Y qué haces luego?

Andrés Después de levantarme, me ducho, me peino, me afeito y salgo.

Tamara ¿Tienes que ponerte el traje también?

Andrés Sí, me pongo el traje, así que no tengo mucho tiempo.

Tamara Entonces, levántate más temprano. o dúchate por la noche.

Andrés ¡Ducharme por la noche es una buena idea! Es que me molesta levantarme temprano.

10 회화 해설

본문을 소리 내어 5번 읽고 아래와 같이 동그라미 해주세요!

Tamara	Andrés, te ves muy ocupado estos días.	verse + 형용사는 '~하게 보이다'라는 뜻으로 쓰이는 재귀동사예요.

안드레스, 너 요즘 많이 바빠 보인다.

Andrés La verdad es que sí estoy ocupado por mi trabajo.
사실은 일 때문에 나 정말 바쁜 거 맞아.

La verdad es que… '사실은…'이라고 말을 시작하면서 이유나 상황 설명을 할 때 주로 쓰이는 패턴이에요.

Tamara ¿A qué hora te levantas?
몇 시에 일어나니?

Andrés Me levanto a las cinco todos los días.
매일 다섯 시에 일어나.

Tamara ¡Anda! ¿Y qué haces luego?
아이고! 그리고 뭘 하는데?

*¡Anda!*는 "세상에!", "대단해!" 스페인에서 즐겨 쓰는 놀라움의 표현이에요.

Andrés Después de levantarme, me ducho, me peino,
일어난 후에 샤워하고, 머리 빗고,

me afeito y salgo.
면도하고 나가지.

después de 동사원형은 '~한 후에'라는 뜻으로 뒤에 오는 동사원형과 함께 재귀동사도 빠뜨리면 안 돼요.

Tamara ¿Tienes que ponerte el traje también?
정장도 입어야 하는 거야?

*poner*가 동사원형으로 쓰였으니 재귀대명사 *te*를 동사 뒤에 반드시 넣어줘야 해요.

Andrés Sí, me pongo el traje, así que
응. 정장도 입어 그래서

*así que*는 '그래서'라는 뜻으로 뒤에 결과를 문장으로 써줘야 해요.

no tengo mucho tiempo.
시간이 많이 없어.

tener tiempo 시간이 있다

Tamara Entonces, levántate más temprano.
그러면 더 일찍 일어나 봐.

levántate 긍정명령형에서 재귀대명사도 후치된다는 것 잊으면 안 돼요.

o dúchate por la noche.
아니면 밤에 샤워를 해.

Andrés ¡Ducharme por la noche es una buena idea!
밤에 샤워하는 거 좋은 생각이다!

ducharme 동사원형은 '~하는 것'이라고 명사처럼 해석 가능해요.

Es que me molesta levantarme temprano.
난 일찍 일어나는 거 귀찮거든.

Es que… 두 번째 문장의 설명에서 나온 '사실은 que 이하이다'라는 표현에서 주어가 생략된 형태로 이유나 상황 설명을 할 때 자주 활용돼요.

Me molesta… '~가 귀찮다.', '~가 짜증난다'라는 뜻으로 활용되는 '역구조동사'랍니다.

 패턴 플러스

1 Voy a ─ A ─ antes de salir. 재귀동사가 원형으로 쓰일 때

Voy a	lavarme las manos	antes de salir	(저는) 나가기 전에 손을 씻을 거예요.
	maquillarme		(저는) 나가기 전에 화장할 거예요.
	afeitarme		(저는) 나가기 전에 면도할 거예요.
	ducharme		(저는) 나가기 전에 샤워할 거예요.

2 Estoy ─ A ─ en el baño. 재귀동사가 현재분사로 쓰일 때

Estoy	lavándome las manos	en el baño	(저는) 화장실에서 손을 씻고 있어요.
	maquillándome		(저는) 화장실에서 화장하고 있어요.
	afeitándome		(저는) 화장실에서 면도하고 있어요.
	duchándome		(저는) 화장실에서 샤워하고 있어요.

잠깐 por favor를 붙여서 명령형을 써서 좀 더 정중한 느낌을 주었어요.

3 (No) ─ A ─ por favor. 재귀동사가 명령형으로 쓰일 때

긍정형	Laváte las manos	por favor	(너) 손을 씻어줘.
	Acuéstate		(너) 잠자리에 들어줘.
부정형	No te laves las manos		(너) 손을 씻지 말아줘.
	No te acuestes		(너) 잠자리에 들지 말아줘.

TIP 재귀대명사도 목적격 대명사와 비슷한 역할을 하기 때문에 목적격 대명사와 같은 기준으로 동사와의 위치를 결정해요.

단어

lavarse [라바르쎄] 씻다　maquillarse [마끼야르쎄] 화장하다

연습문제 – 말하기

1 오늘의 핵심 문장 듣고 따라 읽기

① ¿Cómo te llamas? (너는) 이름이 뭐니?

② Me llamo Andrés. (저는) 이름이 안드레스예요.

③ Me levanto a las seis de la mañana. (저는) 아침 여섯 시에 일어나요.

④ No quiero ponerme el abrigo. (저는) 코트를 입고 싶지 않아요.

⑤ Está duchándose en el baño. (그는) 욕실에서 샤워하고 있어요.

2 핵심 문법 문장 따라 읽기

① ¿Ya te vas? (너는) 벌써 가는 거야?

② ¿Cuándo te vas a ir? (너는) 언제 떠날 거니? / 언제 (이곳을) 떠날 거니?

③ Cómetelo todo. (너) 그것을(l0) 전부 먹어 치워.

④ Siempre te olvidas de todo. (너는) 항상 전부 다 까먹는구나.

3 핵심 관용표현 따라 읽기

① ¡Anda! 헐, 대단해요!

② Es que… (이유를 설명하며) 그게... 라서 그래요.

③ ¡Vete! 가 버려!, 꺼져!

④ así que 그래서

연습문제 - 듣기

1 단어, 관용표현 듣고 받아쓰기

① _____
② _____
③ _____
④ _____
⑤ _____

2 잘 듣고 빈칸에 알맞은 단어를 써 넣으세요.

① Te ____ muy _____.
② _____ el abrigo. Hace frío _____.
③ _____ una vez por la _____.
④ No ____ enfades _____.
⑤ Mi amiga está _____.
⑥ No te _____ _____ la tarea.
⑦ ¿Tienes que _____ el _____ también?
⑧ ____ estoy _____ de ti.

단어

enfadarse [엔f파다르쎄] 화나다　　(la) tarea [따레아] 과제, 숙제　　enamorarse [에나모라르쎄] 사랑에 빠지다　　enamorarse de [에나모라르쎄 데] ~에 사랑에 빠지다

연습문제 - 쓰기

1 따라 쓰고 읽어 보기

❶ ¿Cómo te llamas?

❷ ¿A qué hora te levantas?

❸ ¡Cásate conmigo!

❹ Lávate las manos por favor.

❺ Ya tengo que irme.

> **TIP 다시 한번 체크해 봐요!**
> - 재귀동사의 필수 요소 재귀대명사를 잊지 않고 써주었나요?
> - 동사의 주어와 재귀대명사의 인칭은 일치해주었나요?
> - 재귀대명사의 위치는 동사를 기준으로 적절하게 배치했나요?

2 문장 작문하기

❶ 그녀는 이름이 뭔가요?

❷ (저는) 10시에 샤워를 해요.

❸ 그녀는 머리를 빗고 있어요.

❹ 나는 많이 기뻐요.

❺ (너) 얼굴을 씻어라.

❻ (너는) 조금 피곤해 보여.

단어

casarse [까싸르쎄] 결혼하다   peinarse [뻬이나르쎄] 머리를 빗다   (la) cara [까라] 얼굴

Cataratas del Iguazú
[까따라따스 델 이구아쑤]

세계 최대의 폭포 이과수

땅덩이도 넓은 만큼 중남미에는 경이로운 자연 경관들이 참 많이 있죠. 엄청난 높이의 산맥과 드넓은 사막, 초원과 고산지대, 끝없는 해변과 거대한 정글까지 다이내믹한 자연을 즐길 수 있는 라틴아메리카이지만 그중에서도 세계 제일의 폭포 이과수(Cataratas del Iguazú)는 절대 빼놓을 수 없어요.

브라질과 아르헨티나 그리고 파라과이가 만나는 접경 지역에 위치한 이 무시무시한 폭포는 나이아가라 폭포, 빅토리아 폭포와 함께 세계 3대 폭포 중 하나랍니다. 우리가 잘 알고 있는 나이아가라 폭포보다 오히려 그 너비와 낙차에서는 더 규모가 큰데, 미국의 루즈벨트 대통령 부부가 이과수 폭포를 보고 '불쌍한 나이아가라'라고 말했다는 일화가 있을 정도였어요.

미국과 캐나다의 국경에 걸친 나이아가라 폭포처럼 이곳도 브라질과 아르헨티나가 크게 나누고 있다보니 대표적으로 두가지 방문 코스가 있는데, 이과수 폭포 전체의 경관을 즐기려면 브라질 도시 포스 두 이과수(Foz do Iguaçu)를 방문하는 게 좋지만, 이과수 폭포의 웅장함을 맛보기 위해선 폭포 윗쪽까지 산책 코스가 있는 아르헨티나의 푸에르토 이과수(Puerto Iguazú)로 들어가는 쪽이 더 좋답니다.

특히 아르헨티나 루트를 타고 강길을 따라 오르다 가장 장엄한 계곡 '악마의 목구멍'(Garganta del Diablo)을 마주하게 되는데, 그곳에서만 느낄 수 있는 자연의 경이로움을 꼭 경험해 보세요!
저절로 고개가 숙여지는 이름이죠... '악마의 목구멍'이라니...

단어

- (la) catarata [까따라따] 폭포
- (la) garganta [가르간따] 목구멍
- (el) diablo [디아블로] 악마

13

유럽에서 살 거예요.
Viviré en Europa.

> **미래시제**
> 이미 우리는 'ir a 동사원형' 형태를 통해 미래표현을 배워 봤어요. 하지만 미래를 표현하는 시제가 한 가지 더 있어요. 나중에 할 일들과 화자의 의지를 미래시제로 표현해 볼 거예요.

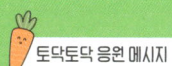
토닥토닥 응원 메시지

¡No te rindas! "포기하지 마!"
돌아 보니 정말 많은 내용을 배웠네요. 꾸준히 꼼꼼히 공부해온 여러분은 나도 모르게 향상된 실력에 깜짝 놀랄 거예요. 그런데! 이제부터 더 재밌어진답니다. 여기까지 왔으니 우리 포기하지 말고 계속 나아가자구요!

12과 복습

1 다음 단어들을 올바른 어순으로 나열해 보세요.

① las | Yo | de | me | mañana | seis | la | levanto | a

_____

② de | te | la | olvides | tarea | No

_____

2 주어진 인칭에 맞는 재귀동사 현재시제 변형을 넣고 해석해 보세요.

① _____ (llamarse, yo) Tamara.

② No _____ (enamorarse, yo) fácilmente.

③ Andrés _____ (acostarse) a las once.

④ Ya _____ (irse, nosotros) a casa.

3 다음 문장을 완성해 보세요.

① (너) 전부 다 먹지는 마!   No te _____ todo.

② 너는 이름이 뭐야?   ¿Cómo _____ _____ ?

③ (나는) 이제 갈게.   Ya _____ _____ .

④ (저는) 결혼하지 않을 거예요.   No voy a _____ .

4 알맞은 단어나 관용표현을 연결시키고, 다섯 번씩 읽어 보세요.

헐! 대단해! •   • ¡Vete!

그래서 •   • ¡Anda!

(너) 일어나! •   • ¡Levántate!

저리가! 꺼져! •   • así que

 **단어**

Europa	에우로빠	유럽 f
futuro	f뚜뚜로	미래 m
país	빠이스	나라 m
mejor(es)	메호르(메호레스)	더 나은
mundo	문도	세계, 세상 m
ganar	가나르	돈 벌다, 이기다, 얻다
próximo/a(s)	쁘록씨모	다음의, 가까운
Alemania	알레마니아	독일 f
algún/alguna	알군/알구나	(불특정한) 어떤
plan	쁠란	계획 m
peor(es)	뻬오르(뻬오레스)	더 나쁜
cocinero/a	꼬씨네로	요리사 m f
desear	데쎄아르	원하다, 바라다
gana	가나	욕망, 의욕 f
tarde	따르데	늦게
estupendo/a(s)	에스뚜뻰도	멋진, 훌륭한
quizá(s)	끼싸(스)	아마도
sin	씬	~없이, ~이외에
duda	두다	의심 f
realidad	r레알리닫	현실, 실제 f

인칭별 미래시제 문장

Yo viviré en Europa.   저는 유럽에서 살 거예요.

Tú vivirás en Europa.   너는 유럽에서 살 거로구나.

Él vivirá en Europa.   그는 유럽에서 살 거예요.

Nosotros viviremos en Europa.   우리는 유럽에서 살 거예요.

Vosotros viviréis en Europa.   너희는 유럽에서 살 거로구나.

Ellos vivirán en Europa.   그들은 유럽에서 살 거예요.

핵심문장

¿Qué harás en el futuro?   (너는) 미래에 뭘 할 거니?

Trabajaré en otro país.   (저는) 다른 나라에서 일할 거예요.

Me casaré en unos tres años.   (저는) 약 3년 뒤에 결혼할 거예요.

Saldremos por el parque juntos.   (우리는) 함께 공원으로 나갈 거예요.

Yo soy más activo que tú.   나는 너보다 더 활발해.

Tú eres la mejor médica.   너는 최고의 의사야.

 **문법**

미래시제

우리는 지난 7과에서 'ir a + 동사원형'의 형태를 통해 미래표현을 배웠죠. 오늘은 조동사를 활용하지 않고 말하고자 하는 동사 자체를 미래시제로 만들어 보겠어요.

'ir a + 동사원형'은 상대적으로 조금 더 가까운, 그래서 좀 더 명확한 미래에 대한 표현을 하는 반면, 미래시제는 조금 더 멀고 조금은 추상적인 내용, 막연한 계획이나 미래에 하고 싶은 일에 대한 의지를 표현하는 데에 더 적합해요. (상대적인 차이점은 있지만 사실상 같은 용법과 의미로도 많이 쓰여요.)

미래시제의 동사변형

 명심하세요! 어미변형이 아닌 동사원형을 완전히 써준 후에 어미를 추가해 주는 거예요.

인칭		어미추가
yo	동사원형 +	-é
tú		-ás
él, ella, Ud.		-á
nosotros/as		-emos
vosotros/as		-éis
ellos, ellas, Uds.		-án

예

Yo hablaré.   저는 말할 거예요.

Tú hablarás.   너는 말할 거야.

Él/Ella/Ud. hablará.   그/그녀/당신은 말할 거예요.

Nosotros hablaremos.   우리는 말할 거예요.

Vosotros hablaréis.   너희들은 말할 거야.

Ellos/Ellas/Uds. hablarán.   그들/그녀들/당신들은 말할 거예요.

미래시제 불규칙 변형

불규칙 미래시제에서는 어간이 불규칙 변화한 뒤, 규칙과 똑같은 형태의 어미를 추가해주면 돼요.

동사원형	어간변형	동사원형	어간변형	어미
tener	tendr-	poder	podr-	-é -ás -á -emos -éis -án
poner	pondr-	hacer	har-	
salir	saldr-	decir	dir-	
venir	vendr-	saber	sabr-	

미래시제로 묻고 답하기

A ¿Qué harás en el futuro? (너는) 미래에 뭘 할 거니?
B Viajaré por todo el mundo. (나는) 전 세계를 여행할 거야.

A ¿Qué harás en el futuro? (너는) 미래에 뭘 할 거니?
B Ganaré mucho dinero. (나는) 많은 돈을 벌 거야.

A ¿Qué harás la próxima semana? (너는) 다음 주에 뭘 할 거니?
B El martes que viene iré a Alemania por el trabajo. 다음 주 화요일에 (나는) 일 때문에 독일에 갈 거야.

A ¿Dónde trabajarás el mes que viene? (너는) 다음 달엔 어디서 일할 거야?
B Trabajaré en otro país. (나는) 다른 나라에서 일할 거야.

A ¿Cuándo te casarás con tu novia? (너는) 네 여자친구와 언제 결혼할 거니?
B Me casaré en unos tres años. (나는) 약 3년 뒤에 결혼할 거야.

> 잠깐
> 'unos / unas + 숫자 + 명사'는 근사치를 나타내어 '약~'이라고 해석 할 수 있어요.
> 'en + 기간'은 '현재로부터 ~후에' 라는 의미로 사용되어요.

A ¿Tenéis algún plan para el fin de semana? (너희는) 주말에 어떤 계획이 있니?
B Saldremos por el parque juntos. (우리는) 함께 공원으로 나갈 거야.

A ¿Le dirás la verdad a tu madre? (너) 너의 어머니께 사실을 말할 거니?
B Sí, hablaré con ella. 응, (나는) 그녀와 이야기할 거야.

> 잠깐
> 3인칭 간접목적격 대명사(le, les)는 목적어가 쓰였더라도 반복해서 쓰이는 경향을 보여요.

 **문법 플러스**

비교급과 최상급

비교급 más, menos, mejor, peor

❶ **más/menos + 형용사 + que + 비교대상** : (비교대상) 보다 더/덜 ~ 하다

Yo soy más activo que tú.   나는 너보다 더 활발해.

Tú eres menos activo que yo.   너는 나보다 덜 활발해.

❷ **más/menos + 명사 + que + 비교대상** : (비교대상) 보다 더 많은/적은 ~ (명사)

Yo tengo más libros que él.   저는 그보다 더 많은 책을 가지고 있어요.

Él tiene menos libros que yo.   그는 저보다 더 적은 책을 가지고 있어요.

❸ **동사 + más/menos + que + 비교대상** : (비교대상) 보다 더 많이/적게 ~하다

Yo estudio más que ellos.   저는 그들보다 더 많이 공부해요.

Ellos estudian menos que yo.   그들은 저보다 덜 공부해요.

❹ **mejor/peor** : 더 나은, 더 나쁜 (más, menos 없이 사용해요.)

Su casa es mejor que la mía.   그의/그녀의 집이 저의 것보다 더 좋아요.

Tú eres peor que él.   네가 그보다 더 나빠.

문법 플러스

비교급과 최상급

최상급

최상급은 항상 특정한 명사형으로 받기 때문에 정관사(el, la, los, las)와 함께 쓰여요.

❶ **정관사 + (명사) + más/menos + 형용사 + entre/de + 대상집단** : (~중에서) 가장 ~한 (명사)이다.

Yo soy el/la estudiante más alto/a de la clase. 제가 학급에서 가장 키가 큰 학생이에요.

Yo soy el/la más alto/a entre nosotros. 제가 우리들 중에서 가장 키가 커요.

 최상급의 대상이 되는 집단이 복수로 쓰일 때는 주로 'entre + 대상집단', 단수일 때는 'de + 대상집단'의 형태로 쓰여요.

 사람을 지칭하는 단어를 꼭 써주지 않아도 문맥상 이해가 된다면 생략할 수 있어요.

❷ **정관사 + mejor/peor + 명사** : 최고의 / 최악의 (명사)

Tú eres la mejor médica. 너는 최고의 의사야.

Tú eres el peor cocinero. 너는 최악의 요리사야. (요리를 정말 못하는 경우에)

08 플러스 표현

스페인어를 맛볼 수 있는 영화와 드라마

1 **코코** (Coco, 2017)
멕시코 '망자의 날(Día de muertos)'을 배경으로 한 아름다운 가족 영화 코코의 원작은 영어이지만 중간 중간 가볍고 귀에 쏙쏙 박히는 스페인어 표현들이 많이 나와요. 물론 스페인어판으로 보는 것도 추천!

2 **엔칸토** (Encanto, 2021)
디즈니의 발랄한 뮤지컬 애니메이션 엔칸토는 콜롬비아가 그 배경인데요, 대사에 나오는 스페인어를 비롯해 여러 테마곡들에서도 스페인어를 맛보실 수 있어요.

3 **종이의 집** (La casa de papel)
스페인에서 만든 범죄 드라마로, 숨막히는 전개에 스페인어보다는 내용에 몰입하게 되긴 하지만, 스페인식 스페인어를 공부할 수 있는 좋은 기회가 될 거예요.

4 **엘리트들** (Elite)
종이의 집에서 쓰인 표현들이 다소 어둡고 거친 면이 있었다면 스페인 상류층의 이야기를 다룬 이 드라마를 통해 일상의 표현도 많이 접할 수 있어요.

5 **엄마는 둘 밖에 없지** (Madre solo hay dos)
엄청난 규모의 멕시코 드라마 시장에서 최고의 흥행작 중 하나가 된 드라마로, 같은 날 같은 병원에서 낳은 두 아이가 바뀌면서 시작되는 두 엄마의 이야기를 코믹하게 그리고 있어요. 멕시코 스페인어 특유의 표현들을 배울 수 있고, 비교적 또렷한 딕션도 장점이랍니다.

챙겨가자 꿀표현 - "짠"

술 마실 때 쓸 수 있는 표현들도 배워 볼까요?

- ¡Salud! — 건배
- ¡De un trago! — 원 샷!
- ¡Arriba, abajo, al centro, y pa' dentro! — 위로! 아래로! 가운데로! 안으로!

- 술을 마시면서 salud(건강)을 외치는 아이러니!
- 술잔을 든 손을 함께 들어 올렸다가, 내렸다가, 가운데로 모은 다음 다 함께 술을 마시는 동작과 함께 외치는 스페인어권 전역에서 가장 많이 사용하는 구호랍니다!
- pa'는 para를 짧게 발음할 때 표기하는 방법이에요.

단어

(la) salud [쌀룻] 건강 (el) trago [뜨라고] 한 입, 한 모금

회화

Sangmin   Tamara, ¿qué deseas hacer en el futuro?

Tamara   Viajaré por todo el mundo algún día.

Sangmin   Yo también tengo muchas ganas de viajar.

Tamara   Sí, será genial. ¿Cuándo viajarás?

Sangmin   No sé. Tarde o temprano.

Tamara   También viviré en Europa, trabajando.
Y me enamoraré de un francés romántico.

Sangmin   ¡Estupendo! ¿Y te casarás también, quizás?

Tamara   Creo que sí.

Sangmin   Tendrás que aprender francés.

Tamara   Lo haré, sin duda. Deséame suerte.

Sangmin   Todos tus sueños se harán realidad.

회화 해설

Sangmin	Tamara, ¿qué deseas hacer en el futuro? 타마라, 미래에 뭘 하고 싶어?	desear + 동사원형은 '~하기를 원하다'라는 뜻으로 querer 동사와 비슷하지만 더 간절한 느낌이에요.
Tamara	Viajaré por todo el mundo algún día. 언젠가 세계를 여행할 거야.	algún día는 '(미래의) 언젠가'라는 의미로 명사 앞에 algún/alguna를 붙여서 불특정한 느낌을 주는 표현이에요. todo el mundo 전 세계
Sangmin	Yo también tengo muchas ganas de viajar. 나도 정말 여행하고 싶어.	tener ganas de 동사원형은 gana가 욕망이나 의욕을 나타내어 '(몹시) ~하고 싶다'라는 뜻이 돼요.
Tamara	Sí, será genial. ¿Cuándo viajarás? 맞아, 굉장할 거야. 언제 여행할 거야?	será ser 동사의 3인칭 단수 미래시제
Sangmin	No sé. Tarde o temprano. 모르겠어. 머지 않아 언젠간!	tarde o temprano (미래의) 머지 않아, 언젠가
Tamara	También viviré en Europa, trabajando. 그리고 난 유럽에서 일하면서 살 거야. Y me enamoraré de un francés romántico. 로맨틱한 프랑스 남자랑 사랑에 빠지겠지.	문장+현재분사는 '~하면서'라는 뜻으로 앞에 나오는 문장을 꾸며요. (8과 참고) enamorarse de는 '~에게 사랑에 빠지다'라는 의미로 동사와 함께 전치사 con이 아닌 de가 쓰이는 점을 유의하세요.
Sangmin	¡Estupendo! ¿Y te casarás también, quizás? 멋지다! 결혼도 하겠지, 아마도?	estupendo는 '멋지다', '아주 좋아' 같은 느낌의 감탄사로 많이 쓰여요. quizás 아마도 (=quizá)
Tamara	Creo que sí. 그럴 것 같아.	Creo que sí 그런 것 같아
Sangmin	Tendrás que aprender francés. 프랑스어를 배워야 할 텐데?	tener que를 활용해 미래의 의무를 표현하고 있어요.
Tamara	Lo haré, sin duda. Deséame suerte. 무조건 배울 거야. 행운을 빌어줘.	sin duda 의심 없이, 틀림 없이, 반드시 Deséame suerte는 '(너) 행운을 빌어줘'라는 명령형 표현이에요.
Sangmin	Todos tus sueños se harán realidad. 네 모든 꿈들은 다 이뤄질 거야!	hacerse realidad은 '실현되다'라는 뜻의 재귀동사를 미래시제로 표현했어요.

패턴 플러스

1 Si sales ahora　A　.　미래시제를 활용한 가정문

> 일상생활에서 '만약 ~하면 ~할 것이다'라는 패턴에서 미래시제가 자주 사용된답니다.
> 〈 Si + 현재시제, 미래시제 〉

Si sales ahora	llegarás a tiempo	(네가) 만약 지금 나간다면 제시간에 도착할 거야.
	no te perderás la película	(네가) 만약 지금 나간다면 영화를 놓치지 않을 거야.
	podrás verla en la fiesta	(네가) 만약 지금 나간다면 그녀를 파티에서 볼 수 있을 거야.
	veré la tele sola	(네가) 만약 지금 나간다면 (나는) 혼자 티비를 볼 거야.
	no te dejaré entrar en casa	(네가) 만약 지금 나간다면 널 집에 들어오게 하지 않을 거야.

2 ¿Mi profesora　A　?　미래시제의 추측 표현

> 우리말에서 처럼 '~할 것이다'라는 표현은 현재 사실에 대한 약한 추측의 표현으로도 사용될 수 있어요. 특히 추측하며 물어보는 의문형에서 많이 쓰인답니다.

¿Mi profesora	será de Venezuela?	나의 선생님은 베네수엘라 출신인 걸까?
	estará cansada?	나의 선생님은 피곤한 걸까?
	no sabrá nada?	나의 선생님은 아무것도 모르는 걸까?
	tendrá miedo?	나의 선생님은 두려운 걸까?
	se levantará temprano?	나의 선생님은 일찍 일어날까?

3 　A　 más (　B　) que tú.　비교급 패턴 연습하기

Soy		popular		(내가) 너보다 더 인기 있어.
Estoy	más	cansado	que tú	(내가) 너보다 더 피곤해.
Necesito		dinero		(내가) 너보다 더 많은 돈이 필요해.
Descanso		más		(내가) 너보다 더 많이 쉬어.

단어

llegar [예가르] 도착하다　a tiempo [아 띠엠뽀] 제 시간에　perderse [뻬르데르쎄] 잃어버리다, 놓쳐버리다　dejar [데하르] 내버려두다, 떠나다
dejar + 동사원형 ~하도록 내버려두다, ~하게 해주다　entrar [엔뜨라르] 들어오다　popular [뽀뿔라르] 인기있는　descansar [데스깐싸르] 쉬다

연습문제 - 말하기

1 오늘의 핵심 문장 듣고 따라 읽기

① Yo viviré en Europa. 저는 유럽에서 살 거예요.

② ¿Qué harás en el futuro? (너는) 미래에 뭘 할 거니?

③ Me casaré en unos tres años. (나는) 약 3년 뒤에 결혼할 거야.

④ Si sales ahora, llegarás a tiempo. (네가) 만약 지금 나간다면 제시간에 도착할 거야.

⑤ ¿Mi profesora será de Venezuela? 저의 선생님은 베네수엘라 출신일까요?

2 핵심 문법 문장 따라 읽기

① Yo soy más activo que tú. 나는 너보다 더 활발해.

② Tú eres menos activo que yo. 너는 나보다 덜 활발해.

③ Yo soy el más alto entre nosotros. 제가 우리들 중에서 가장 키가 커요.

④ Tú eres el mejor médico. 너는 최고의 의사야.

3 핵심 관용표현 따라 읽기

① ¡Estupendo! 멋져요!, 대단해요!

② todo el mundo 전 세계, 모든 이들

③ quizás 아마도

④ sin duda 틀림없이, 반드시

13 연습문제 – 듣기

1 단어, 관용표현 듣고 받아쓰기

① _____

② _____

③ _____

④ _____

⑤ _____

2 잘 듣고 빈칸에 알맞은 단어를 써 넣으세요.

① _____ mucho dinero.

② ¿Qué _____ la _____ semana?

③ ¿Le _____ la verdad a tu madre?

④ Me _____ de un francés _____ .

⑤ Todos tus _____ se _____ realidad.

⑥ Si _____ ahora, _____ verla en la fiesta.

⑦ Su casa es _____ bonita _____ la mía.

⑧ _____ más dinero que _____ .

연습문제 - 쓰기

1 따라 쓰고 읽어 보기

① Yo viviré en el campo.

② Trabajaré en otro país.

③ Si me ayudas será más fácil.

④ ¿Cuántos años tendrá Andrés?

⑤ Tú eres el peor cocinero.

2 문장 작문하기

TIP 다시 한번 체크해 봐요!
- 미래시제 동사변형은 인칭에 맞게 잘 변형하였나요?
- 조건을 나타내는 표현을 쓸 때 각각의 절에 적절한 시제를 사용했나요?
- 비교급과 최상급을 표현할 때 단어들의 어순을 정확히 지켰나요?

① (너는) 언제 대학교에 갈 거니?

② 타마라는 몇 시에 이곳에 올 건가요?

③ (네가) 우리집에 온다면 (우리는) 영화 하나를 볼 거야.

④ 타마라는 지금 어디에 있을까?

⑤ (저는) 저의 남자형제보다 더 내성적이에요.

⑥ 너는 최고의 학생이구나.

단어

(el) campo [깜뽀] 시골   fácil [f파씰] 쉬운   (la) universidad [우니베르씨닫] 대학교

Fútbol
[f풋볼]

중남미에서 축구란

여러분 축구 좋아하시나요? 축구에 진심인 걸로는 축구의 본고장인 영국을 중심으로 한 유럽도 절대 빠지지 않지만 정말 축구를 진지하고 비장하게 받아들이는 곳이 또 라틴 아메리카랍니다. 공 하나만 있으면 할 수 있는 경기이다 보니 상대적으로 발전이 늦었던 중남미에서 축구가 대중적으로 인기를 끌었던 건 어찌 보면 당연했을지도 몰라요. 그러다 보니 세계 축구계의 원탑 브라질뿐 아니라 아르헨티나, 콜롬비아, 칠레, 멕시코, 우루과이 등 축구 강국들이 즐비하답니다.

비록 지금은 규모를 축소했지만 한때 20만 명을 수용했던 브라질의 축구 경기장 '마라카낭(Estádio do Maracanã)'도 중남미 축구의 상징 중 하나라 할 수 있고요. 세계에서 가장 높은 곳인 해발 3,637m에 위치한 볼리비아의 홈 경기장인 'El estadio olímpico Hernando Siles'은 높은 고도에 적응하지 못한 선수들이 제 기량을 발휘하지 못해 브라질도 쩔쩔매는 '원정팀의 무덤'으로 악명이 높죠.

하지만 역시 중남미 사람들이 축구에 얼마나 진심인지를 알 수 있는 대표적인 역사적인 사건은 바로 1969년 '축구 전쟁(Guerra del fútbol)'이에요. 중미에 위치한 엘 살바도르(El Salvador)와 온두라스(Honduras) 이 두 이웃 나라는 역사적으로 꾸준히 정치적, 역사적인 마찰을 빚어오고 있었어요. 그런데 1970년 멕시코 월드컵을 앞둔 지역 예선에서 맞붙은 두 나라의 관중들이 경기 후 난투극을 벌였고, 이는 더 나아가 외교 문제로 커져 결국 한 달 만에 전쟁이 발발해 버리는 믿을 수 없는 일이 일어나요. 미국의 개입으로 100시간 만에 끝나 버리긴 했지만 17,000명의 사상자가 발생하고 15만 명의 난민이 발생했죠.
물론 다른 이유들이 존재하긴 했지만, 중남미 사람들의 축구에 대한 열정이 아니었으면 일어나지 않았을 전쟁이었다고 평가될 만큼 그들이 축구를 대하는 마음을 알 수 있는 사건이었어요.

축구가 중남미를 대표하는 스포츠이지만 언젠가 여러분들이 중남미를 여행하게 된다면 특히 라이벌 팀들 간의 경기가 벌어지는 로컬 경기장에 위험을 무릅쓰고 방문하지는 않는 것이 좋을 것 같네요.

단어

- (el) fútbol [f풋볼] 축구
- (el) estadio [에스따디오] 경기장
- (la) guerra [게ʳ라] 전쟁

14

한국 음식을 먹어 본 적이 있나요?
¿Alguna vez has probado la comida coreana?

현재완료시제

영어를 배울 때도 용법과 표현에서 많은 시간을 할애했던 현재완료시제. 스페인어에서도 다양한 표현을 할 때 사용돼요. 오늘 잘 정리해 놓으면 더욱 풍성하게 스페인어를 구사할 수 있답니다.

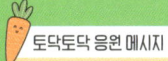 **토닥토닥 응원 메시지**

Mañana será otro día. "내일은 또 새로운 하루랍니다."
오늘 공부하면서 많이 지친다고 해도 괜찮아요. 지금 조금 힘들어도 괜찮아요. 내일은 또 내일의 해가 또 뜨니까요. 하루하루 최선을 다하면 뭐든 해낼 수 있을 거예요.

01 13과 복습

1 다음 단어들을 올바른 어순으로 나열해 보세요.

① viviré | trabajando | Europa | en | Yo
_____

② popular | Es | mundo | músico | del | el | más
_____

2 주어진 인칭에 맞는 미래시제 변형을 넣고 해석해 보세요.

① ¿Qué _____ (hacer, tú) en el futuro?

② _____ (trabajar, nosotros) en otro país.

③ ¿Le _____ (decir, tú) a tu madre?

④ ¿Cuántos años _____ (tener) Tamara?

3 다음 문장을 완성해 보세요.

① (저는) 반드시 그걸 할 거예요.   Lo _____ sin _____ .

② (저는) 프랑스 사람과 사랑에 빠질 거예요.   Me _____ _____ un francés.

③ (네가) 우리 집에 온다면 널 위해 요리해줄게.   _____ vienes a mi casa _____ para ti.

④ 상민이가 그들 중에서 가장 키가 커요.   Sangmin es _____ más alto _____ ellos.

4 알맞은 단어나 관용표현을 연결시키고, 다섯 번씩 읽어 보세요.

전 세계   •   •   tarde o temprano

굉장해요!   •   •   Deséame suerte.

조만간, 언젠가   •   •   ¡Estupendo!

(너) 행운을 빌어줘. •   •   todo el mundo

02 단어

paella	빠에야	스페인식 볶음밥 f
alguna vez	알구나 베스	(과거에) 언젠가, 혹시
probar	쁘로바르	시도하다, 먹어보다 o→ue
camisa	까미싸	셔츠 f
morir	모리르	죽다 o→ue
hermoso/a(s)	에르모쏘	아름다운
todavía	또다비아	아직
aún	아운	아직
fiesta	f피에스따	파티, 축제 f
Estados Unidos	에스따도스 우니도스	미국 m
conocer	꼬노쎄르	(경험을 통해) 알다
conozco	꼬노스꼬	conocer 동사의 1인칭 동사변형
Perú	뻬루	페루
sala	쌀라	응접실 f
buscar	부스까르	찾다
lugar	루가르	장소 m
tomate	또마떼	토마토 m
jardín	하르딘	정원 m
sobre	쏘브레	~에 대해서, ~위에
parecer	빠레쎄르	나타나다, 보여지다
fantástico/a(s)	f판따스띠꼬	환상적인
pensar	뻰싸르	생각하다 e→ie
contar	꼰따르	이야기하다, 수를 세다 o→ue
emocionante	에모씨오난떼	감격스러운, 신나는
ahorrar	아오r라르	저축하다, 절약하다

 **문장**

인칭별 현재 완료시제 문장 만들기 연습

Yo he comido paella.   저는 빠에야를 먹었어요.

Tú has comido paella.   너는 빠에야를 먹었구나.

Él/Ella/Ud. ha comido paella.   그/그녀/당신은 빠에야를 먹었어요.

Nosotros hemos comido paella.   우리는 빠에야를 먹었어요.

Vosotros habéis comido paella.   너희는 빠에야를 먹었구나.

Ellos/Ellas/Uds. han comido paella.   그들/그녀들/당신들은 빠에야를 먹었어요.

핵심문장

¿Alguna vez has probado la comida coreana?   (너는) 언젠가 한번 한국 음식을 먹어 본 적 있어?

Nunca he probado la comida coreana.   (저는) 한번도 한국 음식을 먹어 본 적이 없어요.

Ya he cenado.   (저는) 이미 저녁을 먹었어요.

¿Qué has hecho hoy?   (너는) 오늘 뭘 했어?

Hemos aprendido mucho español.   (우리는) 스페인어를 많이 배워왔어요.

Andrés ha comprado una camisa.   안드레스는 셔츠 한 장을 샀어요.

문법

현재완료 시제

현재완료(완료과거) 시제는 '과거의 특정 시점부터 현재까지 연결된 시점에 일어난 일'을 서술하는 데에 사용돼요.

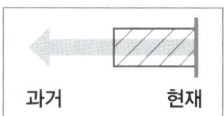

현재완료(완료과거) 시제 동사변형

haber + P.P.(participio pasado, 과거분사)

haber		P.P.(participio pasado) 어미변형	
yo	he	-ar	-ado
tú	has		
él, ella, Ud.	ha		
nosotros/as	hemos	-er/-ir	-ido
vosotros/as	habéis		
ellos, ellas, Uds.	han		

인칭	hablar 말하다	comer 먹다
yo	he hablado	he comido
tú	has hablado	has comido
él, ella, Ud.	ha hablado	ha comido
nosotros/as	hemos hablado	hemos comido
vosotros/as	habéis hablado	habéis comido
ellos, ellas, Uds.	han hablado	han comido

과거분사(P.P.) 불규칙 변형

동사원형	과거분사	동사원형	과거분사
ver	visto	abrir	abierto
poner	puesto	hacer	hecho
volver	vuelto	decir	dicho
escribir	escrito	morir	muerto

문법

용법 ① 경험 "~해 본 적 있다"

: 살아오며 지금까지의 삶에서 겪은 경험을 이야기할 때 쓰여요. 특정한 시점을 지칭할 수 없지만, 장소, 횟수 등은 부사구를 통해 자유롭게 표현할 수 있죠.

A ¿Alguna vez has probado la comida coreana?   (너는) 언젠가 한번 한국 음식을 먹어 본 적 있어?
B Sí, la he probado una vez en Seúl. / No, nunca la he probado.
응, 서울에서 한번 먹어 봤어 / 아니, 한번도 먹어 본 적이 없어.

No sé si alguna vez has ido a Barcelona, pero es una ciudad muy hermosa.
네가 바르셀로나에 가 본 적이 있는지 모르지만, 거긴 정말 아름다운 도시야.

 todavía를 대신해서 aún이라는 단어도 '아직'이라는 뜻으로 쓸 수 있어요.

용법 ② 완료 "(이미) ~했다" / "(아직) ~하지 않았다"

: 현재를 기준으로 봤을 때 이미 끝마친 일인지, 아직 끝나지 않은 일인지를 구분하는 뉘앙스의 문장에서 사용하거나 과거의 행동이 현재의 상황까지 영향을 미치는 경우에 사용해요.

A ¿Ya has comido?   (너는) 이미 밥을 먹었니? (현재 밥을 먹은 상태인지를 확인)
B Sí, ya he comido. / No, todavía no he comido.   응, (나는) 이미 밥을 먹었어. / 아니, 아직 밥 먹지 않았어.

Los chicos aún no han cocinado nada para la fiesta.   소년들은 아직 파티를 위해 아무것도 요리하지 않았어요.
¿Quién ha abierto la puerta? Hace frío.   누가 문을 열었어요? (날씨가) 추워요.

의문사 quién(누구)을 주어로 했을 땐 3인칭 단수 동사변형을 해줘야 해요.

단어

No sé si... ~인지 아닌지 모르겠다

 **문법**

> **용법 ③** 지속 "~해 왔다"
>
> : 과거부터 현재까지 이어진 시간 동안 지속해서 한 행동을 묘사해요.
>
> Hemos aprendido mucho español. (우리는) 스페인어를 많이 배워왔어요.
>
> Siempre he querido vivir en Estados Unidos. (저는) 항상 미국에서 살고 싶어해왔어요.
>
> Me ha gustado mi trabajo hasta ahora. 저는 지금까지는 제 일이 맘에 들어왔어요.
>
> **용법 ④** 가까운 과거 "~했다"
>
> : 현재와 연결된 시점의 시간 부사를 사용하여 과거의 행동을 나타낼 때 사용해요. (예 : 오늘, 이번 달, 올해 등)
>
> A ¿Qué has hecho hoy? (너는) 오늘 뭐 했어?
> B He escrito una carta esta tarde. (나는) 오늘 오후에 편지 한 통을 썼어.
>
> Andrés ha comprado una camisa muy bonita este mes. 안드레스는 이번 달에 아주 예쁜 셔츠 하나를 샀어요.
>
> He hecho mucho ejercicio este año. (저는) 올해 많은 운동을 했어요.

 스페인에서는 가까운 과거의 경우 비교적 엄격하게 현재완료 시제를 사용하고 중남미 스페인어에서는 현재완료 시제 대신, 나중에 배울 단순과거를 사용하는 것이 일반적이에요.

 문법 플러스

부정어의 이해

부정어란 불특정한 대상(명사)을 지칭할 때 명사와 함께, 혹은 명사를 대신해서 쓸 수 있는 단어들로 긍정형과 부정형이 존재하며 크게 세 가지의 형태로 나눌 수 있어요.

구분		긍정형 "어떤 (것, 사람)"	부정형 "그 어떤 ~도 아닌 (것, 사람)"
명사형	사물	algo 어떤 것	nada 아무것도
	사람	alguien 어떤 사람	nadie 아무도
형용사 (전치)	명사 앞에서 '부정관사' 같은 역할 (성수일치)	algún alguna algunos algunas	ningún ninguna ningunos ningunas
대명사	명사의 반복을 피하기 위해 독립적으로 사용 (성수일치)	alguno alguna algunos algunas	ninguno ninguna ningunos ningunas

❶ **명사형** – 독립적으로 사용

Hay algo en la clase. / No hay nada en la clase. 교실에 뭔가가 있어요. / 교실에는 아무것도 없어요.

No conozco a nadie en Perú. No puedo hacer nada ahí.
(저는) 페루에 아무도 알지 못해요. 거기에서 아무것도 할 수가 없어요.

En la sala hay alguien esperándote. 응접실에 너를 기다리는 누군가가 있어.

❷ **형용사형** – 뒤에 명사와 함께 사용

Comemos algún día juntos. 어떤 날(언제 한번) 우리 함께 밥 먹어요.

¿Alguna vez has tomado el café colombiano? 언젠가 한번 (혹시) 콜롬비아 커피를 마셔 본 적 있어?

No me busques en ningún lugar. (너) 나를 그 어디에서도 찾지 마.

❸ **대명사형** – 독립적으로 사용되지만 문맥상 생략된 명사가 존재

Algunos de ellos van a venir a la fiesta. 그들 중 어떤 이들은 파티에 올 거예요.

Tengo muchos tomates en el jardín. ¿Quieres algunos? 정원에 토마토가 많이 있어. 몇 개 좀 원하니?

A ¿Cuál es tu mochila? (여러 개 배낭 중) 어떤 게 너의 배낭이니?
B Ninguna es mía. 아무것도(아무 배낭도) 내 것이 아니야.

08 플러스 표현

스페인어를 쓰는 국가들의 이름의 뜻과 유래

① **España** : 지중해의 서쪽 가장자리에 있는 이베리아반도에 위치하고 있어 '서쪽의 땅', '해가 지는 곳', '가장자리' 등을 의미한다는 다양한 해석이 존재해요.

② **México** : 아즈텍 문명 당시 지어진 Mexitli라는 말에서 유래했는데 이는 '달의 배꼽'이라는 뜻으로 '달의 자식'이라는 뜻이라고 해요.

③ **Venezuela** : '작은 베네치아'를 의미하는데, 스페인 탐험가들이 이곳 원주민들의 수상가옥을 보고 붙여준 이름이라고 해요.

④ **Colombia** : 아메리카대륙을 발견한 Cristóbal Colón(콜럼버스)의 이름에서 유래했어요.

⑤ **El Salvador** : '구세주'를 의미해요.

⑥ **Costa Rica** : '풍요로운 해안'이라는 뜻이에요.

⑦ **Ecuador** : '적도'를 의미해요. 남미에서 적도를 지나는 지역에 위치한 나라라서 붙은 이름이죠.

⑧ **Puerto Rico** : '풍요로운 항구'라는 의미예요.

⑨ **Bolivia** : 독립 영웅 시몬 볼리바르의 업적을 기리기 위해 그의 이름을 본따서 정했어요.

챙겨가자 꿀표현 – "물론이지", "당연하지", "확실해"

스페인어에는 강한 긍정의 의미로 쓰이는 '물론이지'라는 표현도 다양하게 존재해요.

Claro.
물론이지.

Claro que sí.
물론 그렇지.

Claro que no.
당연히 아니지.

Por supuesto.
물론이지.

Desde luego
물론, 확실하게, 아무런 의심없이

¿Seguro? / ¡Seguro!
확실해? / 확실해!

단어

(el) supuesto [쑤뿌에스또] 추측, 가정, 전제

회화

Andrés Tamara, ¿has cenado ya?

Tamara No, todavía no he cenado. No tengo mucha hambre.

Andrés ¿Qué has hecho hoy?

Tamara Hoy he leído un libro sobre Perú.

Andrés ¿Ah, sí? ¿Alguna vez has viajado por Perú?

Tamara No, nunca he ido ahí.
Pero siempre he querido viajar a Machu Picchu.

Andrés Sangmin me ha dicho que le gusta Perú también.

Tamara ¿Qué te parece viajar juntos?

Andrés ¡Fantástico! Pienso que Sangmin ha llegado a casa.
Vamos a su casa para contárselo.

Tamara ¡Qué emocionante!
Es que he ahorrado mucho este año.

Andrés Yo también.

10 회화 해설

Andrés Tamara, ¿has cenado ya?
타마라, 이미 저녁식사 했니?

> 현재를 기준으로 '이미' 저녁식사를 했는지 묻고 있기 때문에 현재완료 시제를 사용해요.

Tamara No, todavía no he cenado. No tengo mucha hambre.
아니 아직 안 먹었어. 별로 배가 안 고파.

> 마찬가지로 '아직' 안 먹었다는 표현이니 완료 용법으로 사용됐어요.

Andrés ¿Qué has hecho hoy?
오늘 뭐 했어?

> '오늘' 한 일을 묻고 있어요. 가까운 과거의 용법으로 사용됐죠.

Tamara Hoy he leído un libro sobre Perú.
오늘 페루에 대한 책을 하나 읽었어.

> sobre ~위에, ~에 대해

Andrés ¿Ah, sí? ¿Alguna vez has viajado por Perú?
아, 그래? 혹시 페루 여행해 본 적 있어?

> '경험'을 묻고 있죠. alguna vez(언젠가 한번, 혹시)라는 표현과 주로 함께 질문해요.

Tamara No, nunca he ido ahí.
아니 한번도 거기에 가 본 적이 없어.

> 한번도 해 본 적 없다는 표현에서는 부사 nunca와 함께 표현해 주는 게 좋아요.

Pero siempre he querido viajar a Machu Picchu.
하지만 항상 마추픽추를 여행해 보고 싶었어.

> '지속'의 용법이에요. 항상(siempre) 원해왔다는 표현이죠.

Andrés Sangmin me ha dicho que le gusta Perú también.
상민이도 페루 좋아한다고 그랬어.

> decir 동사의 과거분사는 불규칙이니 유의하세요. dicho라 말해야 해요.
> 앞에서 배운 역구조 동사 gustar에 유의해 주세요. le는 앞에 나온 '상민'을 의미해요.

Tamara ¿Qué te parece viajar juntos?
함께 여행하는 거 어떻게 생각해?

> ¿Qué te parece…? 너는 ~를 어떻게 생각해?

Andrés ¡Fantástico! Pienso que Sangmin ha llegado a casa.
판타스틱한데! 상민이가 집에 도착한 것 같아.

> pensar que… ~라고 생각하다

Vamos a su casa para contárselo.
걔한테 얘기하러 걔네 집으로 가자.

Tamara ¡Qué emocionante!
신난다!

> ¡Qué emocionante!는 "감격스러워!", "신난다"라는 감탄문으로 사용돼요.
> Es que…는 이유를 설명하면서 앞에 붙여주는 표현이죠. '그게 말이야…'처럼 해석할 수 있어요.

Es que he ahorrado mucho este año.
올해 돈을 많이 모아났거든.

> este año, 즉 올해의 행동을 말하고 있기 때문에 현재와 연결된 시점으로 현재완료 시제를 써요.

Andrés Yo también.
나도 마찬가지라고!

패턴 플러스

MP3 14-05

1 Ya he / Todavía no he A . 식사하다 동사 시리즈

Ya he / Todavía no he
- comido — (저는) 이미 식사 했어요. / (저는) 아직 식사를 안 했어요.
- desayunado — (저는) 이미 아침식사 했어요. / (저는) 아직 아침식사를 안 했어요.
- almorzado — (저는) 이미 점심식사 했어요. / (저는) 아직 점심식사를 안 했어요.
- cenado — (저는) 이미 저녁식사 했어요. / (저는) 아직 저녁식사를 안 했어요.

2 ¿Qué has hecho A ? 가까운 과거를 나타내는 시간부사들

¿Qué has hecho
- hoy? — (너는) 오늘 뭐 했어?
- esta mañana? — (너는) 오늘 아침에 뭐 했어?
- este mes? — (너는) 이번 달에 뭐 했어?
- este año? — (너는) 올해 뭐 했어?
- estas vacaciones? — (너는) 이번 방학 때 뭐 했어?

3 A visto un/ningún oso polar 경험을 묻고 답하기 패턴

- ¿Alguna vez has visto un oso polar? — 언젠가 한번 북극곰을 본 적이 있니?
- ¿Acaso has visto un oso polar? — 혹시 북극곰을 본 적이 있니?
- Sí, alguna vez he visto un oso polar — 응, 언젠가 한번 북극곰을 본 적이 있어.
- No, nunca he visto ningún oso polar — 아니, 한번도 (어떤) 북극곰도 본 적이 없어.

> **잠깐** nunca라는 단어를 대신해서 jamás라는 단어도 '절대'라는 뜻으로 사용할 수 있어요.

단어

desayunar [데싸유나르] 아침식사 하다   **almorzar** [알모르싸르] 점심식사 하다   **(la) vacación** [바까씨온] 휴가, 방학 (주로 복수로 사용)
acaso [아까쏘] 혹시, 우연히   **(el) oso** [오쏘] 곰   **polar** [뽈라르] 극지방의   **oso polar** 북극곰   **jamás** [하마스] 절대, 한번도 (아니다)

연습문제 - 말하기

 14-06

1 오늘의 핵심 문장 듣고 따라 읽기

❶ ¿Alguna vez has probado la comida coreana?   (너는) 언젠가 한번 한국 음식을 먹어 본 적 있어?

❷ ¿Ya has comido?   (너는) 이미 밥을 먹었니?

❸ No, todavía no he comido.   아니. 아직 밥 먹지 않았어.

❹ ¿Qué has hecho hoy?   (너는) 오늘 뭘 했어?

❺ Me ha gustado mi trabajo hasta ahora.   저는 지금까지는 제 일이 맘에 들어왔어요.

2 핵심 문법 문장 따라 읽기

❶ No hay nada en la clase.   교실에는 아무것도 없어요.

❷ No conozco a nadie en Perú.   (저는) 페루에서 아무도 알지 못해요.

❸ Comemos algún día juntos.   어떤 날(언제 한번) 우리 함께 밥 먹어요.

❹ Ninguno es mío.   그 어떤 것도 제 것이 아니에요.

3 핵심 관용표현 따라 읽기

❶ ¿Qué te parece?   (너는) 어떻게 생각해?

❷ ¡Fantástico!   환상적이야!. 아주 좋아!

❸ ¡Qué emocionante!   감격스러워!. 신난다!

❹ Yo también.   나 역시 그래.

연습문제 - 듣기

1 단어, 관용표현 듣고 받아쓰기

① _____
② _____
③ _____
④ _____
⑤ _____

2 잘 듣고 빈칸에 알맞은 단어를 써 넣으세요.

① No, _____ la he _____ .
② _____ he comido mucho.
③ No sé _____ alguna vez has _____ a Barcelona.
④ Los chicos _____ no han cocinado _____ para la fiesta.
⑤ ¿Quién ha _____ la puerta?
⑥ ¿ _____ vez has _____ por Perú?
⑦ En la sala hay _____ _____ .
⑧ No me _____ en _____ lugar.

연습문제 – 쓰기

1 따라 쓰고 읽어 보기

① ¿Has cenado ya?

② ¿Qué has hecho estas vacaciones?

③ Nunca he visto ningún oso polar.

④ No tengo nada.

⑤ Nadie me quiere.

 다시 한번 체크해 봐요!
- 현재완료 시제 동사변형은 인칭에 맞게 잘 변형하였나요?
- 현재완료 시제 각각의 용법에 맞는 부사어도 잘 사용했나요?
- 정확한 부정어를 사용했나요?

2 문장 작문하기

① (저는) 늘 스페인에 방문하기를 바라 왔어요.

② 타마라는 이번 학기에 편지 한 통을 썼어요.

③ (저는) 이미 집에서 아침식사를 했어요.

④ (너) 혹시 새벽 다섯 시에 일어나 본 적이 있니?

⑤ (너는) 뭔가가 필요하니?

⑥ 혹시 어떤 집들이 있나요?

단어

(el) semestre [쎄메스뜨레] 학기, 반기

 문화

Reguetón
[레게톤]

라틴 팝의 대표주자 레게톤

다른 나라의 문화를 느끼는 데에는 그들의 문화에 깊이 박혀 있는 대중 음악을 들여다 보는 것 만큼 확실한 게 없지 않을까요? 과연 라틴아메리카 사람들은 어떤 음악에 몸을 맡기고 춤을 출까요? 이미 우리는 라틴아메리카를 대표하는 음악 살사에 대해 알아봤는데요, 오늘은 라틴아메리카의 클럽에서 가장 쉽게 들을 수 있는 장르, 스페인어를 배우고 그들의 문화를 배울 때 절대 빼놓을 수 없는 '레게톤' 음악 이야기예요.

레게톤은 카리브해의 작은 나라 Puerto Rico에서 1990년대 초 시작된 음악 장르로 힙합과 카리브해의 전통음악, 랩과 레게 등이 결합되어 만들어진 음악인데요, 우리에겐 생소한 장르였지만 2017년 Luis Fonsi와 Daddy Yankee의 'Despacito'가 전세계적인 히트를 기록하면서 많이 알려지게 됐어요. 레게톤 특유의 엇박 리듬에 전세계인들의 골반 무브 버튼이 눌리곤 했던 기억이 나네요.

오늘은 제가 DJ모드로 여러분이 꼭 검색해서 들어 보셔야 할 레게톤 뮤지션들을 소개해 드릴게요! 유튜브를 검색하시면 그들의 도발적인 가사를 제가 만들어 놓은 한글 번역으로 접하실 수 있어요.

❶ **Daddy Yankee** : 레게톤의 왕이라 부를 만한 최고의 뮤지션이에요. 내놓는 앨범마다 메가히트를 기록했으니 어느 곡이든 골라 들어보면 특유의 보컬과 랩에 바로 중독될 거예요.

❷ **J Balvin** : 핫한 외모로 '레게톤의 왕자' 칭호를 가진 콜롬비아 출신의 레게토네로(Reguetonero)로 'Mi gente', 'Mi canción', 'X' 등의 대표곡들이 있어요.

❸ **Becky G** : 현시점 레게톤의 최고 섹시 아이콘 중에 한 명인 멕시코계 미국인으로 'Mayores', 'Sin pijama' 등의 곡으로 가장 많이 사랑받았죠.

❹ **Bad Bunny** : 각종 팝차트에서 늘 탑을 유지하는 푸에르토 리코의 래퍼 배드 버니. 특유의 게으른 목소리가 특징이랍니다. 추천곡은 'Mía', 'No me conoce', 'Dákti'.

❺ **Maluma** : 노래마다 'Maluma Baby!'라고 외치는 시그니처 사운드로도 유명한 콜롬비아의 섹시가이 말루마의 대표곡으로는 'Hawaii', 'Felices los 4', 'Cuatro Babys' 등이 있어요.

❻ **Nicky Jam** : 미국에서 태어났지만 푸에르토 리코에서 자라며 식료품 가게에서 손님들에게 랩을 들려주다가 뮤지션의 꿈을 이룬 니키잼의 대표 곡은 'El Perdón', 'Hasta el amanecer', 'Travesuras' 등이 있답니다.

❼ **Ozuna** : 남자 레게톤 가수 중 가장 많은 유튜브 조회수를 기록 중인 Ozuna는 다른 뮤지션들과 마찬가지로 많은 피처링과 콜라보로 활발히 활동하고 있어요. 'Taki Taki', 'Se preparó', 'El Farsante' 등이 유명하지요.

☆ 이 밖에도 Karol G, Don Omar, Anuel AA, Arcángel, Farruko, Wisin, Yandel, Natti Natasha 등 너무나도 많은 뮤지션들이 있으니 골고루 찾아서 즐겨 보시길 추천드려요!

15

나 때는 말이야...
Cuando era niño...

불완료과거

이제 본격적으로 과거시제를 다룰 텐데요, 그 중에서도 과거에 습관적으로 하던 행동, 혹은 과거 특정 시점에서 또 다른 행동의 배경으로 하던 행동을 묘사할 때 바로 이 불완료과거 시제를 사용한답니다.

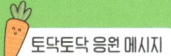 **토닥토닥 응원 메시지**

Lo has logrado hoy también "오늘도 해냈어요!"
조금 귀찮았지만 그래도 공부하려고 책을 열었다면 여러분은 이미 오늘도 그 목표를 달성한 거예요. 이제부터 즐거운 스페인어 공부를 시작해 볼까요?

14과 복습

1 다음 단어들을 올바른 어순으로 나열해 보세요.

① probado | Nunca | la | coreana | comida | he

_____

② semana | Qué | este | hecho | fin | has | de

¿_____?

2 주어진 인칭에 맞는 현재완료 시제 변형을 넣고 해석해 보세요.

① ¿Qué _____ (hacer, tú) esta mañana?

② Todavía no _____ (cenar, ellos).

③ ¿Alguna vez _____ (ver, vosotros) a este chico?

④ Hasta ahora me _____ (gustar) trabajar.

3 다음 문장을 완성해 보세요.

① (저는) 한번도 밤새 춤춰 본 적이 없어요.   _____ he _____ toda la noche.

② (너는) 이번 달에 뭘 했어?   ¿Qué has _____ este mes?

③ 너는 아무것도 몰라!   Tú no _____ _____.

④ 어떤 사람도 교실에 없어요.   No hay _____ persona en la clase.

4 알맞은 단어나 관용표현을 연결시키고, 다섯 번씩 읽어 보세요.

넌 어떻게 생각하니?   •   •   Yo también.

절대로, 전혀   •   •   ¿Qué te parece?

신난다!, 감격스러워!   •   •   ¡Qué emocionante!

나도 그래   •   •   jamás

단어

leche	레체	우유 f
cuando	꾼도	~할 때
niño/a	니뇨/니냐	꼬마아이 m f
a pie	아 삐에	걸어서
joven(jóvenes)	호벤(호베네스)	젊은, 젊은이 m f
pequeño/a(s)	뻬께뇨	작은, 어린
llevar	예바르	함께 데리고 가다, 지니다
colegio	꼴레히오	초등학교 m E
edad	에닫	나이 f
anoche	아노체	어젯밤
frecuencia	f프레꾸엔씨아	빈도, 주파수 f
casi	까씨	거의
raro/a(s)	r라로	드문, 이상한
a menudo	아 메누도	자주
a veces	아 베쎄스	가끔
cada	까다	각각의, 매
bromear	브로메아르	농담하다, 장난하다
solo/a(s)	쏠로	하나의, 유일의, 혼자서
jugar	후가르	놀다
ni	니	~소자노 아니다
niñez	니녜스	유년기, 어린 시절 f
pelear	뻴레아르	싸우다, 말다툼하다
broma	브로마	농담, 장난 f
travieso/a(s)	뜨라비에쏘	짓궂은, 장난이 심한
como	꼬모	~처럼, ~같이

문장

인칭별 현재완료 시제 문장 맛보기

Yo tomaba mucha leche.   저는 우유를 많이 먹곤 했어요.

Tú tomabas mucha leche.   너는 우유를 많이 먹곤 했었지.

Él tomaba mucha leche.   그는 우유를 많이 먹곤 했어요.

Nosotros tomábamos mucha leche.   우리는 우유를 많이 먹곤 했어요.

Vosotros tomabais mucha leche.   너희는 우유를 많이 먹곤 했었지.

Ellos tomaban mucha leche.   그들은 우유를 많이 먹곤 했어요.

핵심문장

Cuando era niño, no hablaba mucho.   (제가) 어렸을 때, 말을 많이 하지 않았었어요.

Yo iba a la escuela a pie.   저는 학교에 걸어서 가곤 했어요.

De joven, era muy guapo.   젊었을 때의 저는 아주 잘생겼었죠.

Me gustaba mucho tocar el piano.   저는 피아노 치는 것을 좋아했었어요.

¿Qué estabas haciendo anoche?   (너는) 어젯밤 뭘 하고 있었어?

Entonces, a las diez, yo veía la tele.   그때 10시엔 저는 티비를 보고 있었어요.

문법

불완료과거 시제 과거의 연속된 시점에 반복적, 지속적, 습관적으로 일어난 행동을 묘사할 때 사용해요.

동사 어미변형

규칙 변형		
	-ar	-er/-ir
Yo	-aba	-ía
Tú	-abas	-ías
Él, Ella, Ud.	-aba	-ía
Nosotros	-ábamos	-íamos
Vosotros	-abais	-íais
Ellos, Ellas, Uds.	-aban	-ían

인칭	hablar	comer	vivir
Yo	hablaba	comía	vivía
Tú	hablabas	comías	vivías
Él, Ella, Ud.	hablaba	comía	vivía
Nosotros/as	hablábamos	comíamos	vivíamos
Vosotros/as	hablabais	comíais	vivíais
Ellos, Ellas, Uds.	hablaban	comían	vivían

불규칙 동사변형

불규칙 변형		
	ser	ver	ir
Yo	era	veía	iba
Tú	eras	veías	ibas
Él, Ella, Ud.	era	veía	iba
Nosotros/as	éramos	veíamos	íbamos
Vosotros/as	erais	veíais	ibais
Ellos, Ellas, Uds.	eran	veían	iban

문법

불완료 과거의 용법

과거의 특정한 시점이 아닌 불분명하지만 연속적인 시간에 일어난 일을 묘사해요.

용법 ① 과거의 습관과 반복 일상 "~하곤 했다", "~했었다"

Cuando era pequeña, comía mucho pan.　(제가) 어렸을 때, 빵을 많이 먹었었어요.

Yo iba a la escuela a pie.　저는 학교에 걸어서 가곤 했어요.

Mi papá me llevaba al colegio todos los días.　아빠는 매일 저를 초등학교에 데려다 주곤 하셨어요.

Cuando tenía tu edad, no podía salir hasta muy tarde.　(내가) 네 나이였을 땐
아주 늦게까지 나가 놀 수 없었단다.

용법 ② 인물이나 상황의 묘사

De joven, era muy guapo.　젊었을 때의 (저는) 아주 잘생겼었죠.

Yo estaba en la oficina cuando estabas en la cafetería.　(네가) 커피숍에 있을 때 나는 사무실에 있었어.

Había mucha gente en la plaza.　광장에는 많은 사람들이 있었어요.

Yo tenía un amigo. Se llamaba Luis.　저는 친구가 한 명 있었어요. (그는) 이름이 루이스였어요.

Me gustaba mucho tocar el piano.　저는 피아노 치는 것을 많이 좋아했었어요.

단어

a pie [아 삐에] 걸어서

 **문법**

용법 ③ 과거 시점에서 진행 중인 행동 "~하고 있었다"

: 과거의 특정 시점에 진행 중이던 행동에 대해 묘사할 때 쓰일 수도 있어요.

Yo comía cuando llegó él.   그가 도착했을 때 저는 밥 먹고 있었어요.

¿Qué estabas haciendo anoche?   (너는) 어젯밤 뭘 하고 있었어?

Cuando cenaba, mi mamá me llamó.   제가 저녁을 먹고 있었을 때, 엄마가 내게 전화했어요.

Mis padres estaban trabajando.   제 부모님들은 일을 하고 계셨어요.

Entonces, a las diez, yo veía la tele.   그 때 10시엔 저는 티비를 보고 있었어요.

Perdón. Estaba durmiendo.   미안해요 (저는) 잠자고 있었어요.

 여기서는 단순히 어젯밤 한 일을 묻기보다는 어젯밤 특정한 시점의 상황에서 진행 중이었던 행동을 묻고 있는 거예요. 예를 들면 경찰이 용의자에게 사건 당시의 알리바이를 묻는 것처럼 말이죠.

- llegó : llegar 동사의 과거의 특정 시점을 묘사하는 '단순과거' 시제예요.
- llamó : llamar 동사의 '단순과거' 시제예요. 16강에서 다루도록 할게요.

07 문법 플러스

빈도표현

빈도부사

표에서 오른쪽으로 갈수록 빈도가 낮음을 표현하는 부사예요.

siempre	casi siempre	a menudo	a veces	de vez en cuando	raramente	casi nunca	nunca
항상(100%)	거의 항상	자주	가끔	이따금씩	드물게, 어쩌다	거의 ~하지 않는다	전혀 ~하지 않는다

횟수 및 숫자를 활용한 빈도

횟수/숫자 + a + 정관사 + 단위시간(단수)

una vez al día.   하루에 한 번   dos veces a la semana.   일주일에 두 번
cinco libros al mes.   한 달에 다섯 권의 책

횟수/숫자 + por + 단위시간(단수)

una vez por día.   하루에 한 번   dos veces por semana.   일주일에 두 번
cinco libros por mes.   한 달에 다섯 권의 책

횟수/숫자 + cada + 단위시간(단수, 복수)

una vez cada día.   하루에 한 번   dos veces cada semana.   일주일에 두 번
cinco libros cada mes.   한 달에 다섯 권의 책

빈도 표현 활용 묻고 답하기

> 잠깐! 빈도를 물을때는 con qué frecuencia (얼마나 자주)라는 표현을 활용해서 질문해요.

- A ¿Con qué frecuencia haces ejercicio?   (너는) 얼마나 자주 운동을 하니?
  B Hago ejercicio cada día.   (나는) 매일 운동을 해.

- A ¿Con qué frecuencia llueve en verano?   여름에 얼마나 자주 비가 오나요?
  B Llueve a menudo en verano.   여름에는 자주 비가 와요.

- A ¿Con qué frecuencia salías antes?   (너는) 예전에 얼마나 자주 나가곤 했니?
  B No salía antes casi nunca.   (나는) 예전엔 거의 나가지 않았었어.

- A ¿Cuántas veces al día te duchas?   (너는) 하루에 몇 번 샤워를 하니?
  B Me ducho dos veces al día.   (나는) 하루에 두 번 샤워를 해.

08 플러스 표현

스페인 스페인어 VS 중남미 스페인어 3탄

ce, ci, za, ze, zi, zo, zu 발음

스페인에서 쓰는 발음을 듣다보면 어느 순간 소위 '번데기 발음(발음기호 [θ])'이 들릴 때가 있어요. 제목에 쓰여진 ce, ci, 그리고 z 발음에서 그런 발음이 나타나는데요. 이 발음은 스페인어를 사용하는 국가 중 스페인에서만 유일하게 나타납니다. 중남미에서는 이 발음을 's'를 발음할 때와 같은 발음으로 대신 사용하지요.

gracias		cerdo		zapatos		zona	
스페인	중남미	스페인	중남미	스페인	중남미	스페인	중남미
[그라θ이아스]	[그라씨아스]	[θ에르도]	[쎄르도]	[θ아빠또스]	[싸빠또스]	[θ오나]	[쏘나]

어떤 식으로 발음해도 모든 곳에서 서로를 이해하는 데에는 큰 문제는 없어요. 다만 영어에서 영국 영어와 미국 영어의 차이점이 있듯 발음에서 이러한 차이가 있을 수 있으니, 여러분은 더 매력적이라 생각하는 발음으로 선택해서 발음을 연습하는 것도 좋겠어요!

챙겨가자 꿀표현 – "자기야" 시리즈

언젠가 생길 나의 미래 스페인 혹은 중남미 남/여친을 부를 애칭을 미리 외워놓도록 해 볼까요? 모두 '자기', '내 사랑' 등의 표현이지만 표현력이 풍부한 이들의 문화에선 너무나도 다양한 표현들을 사용한답니다.

(mi) cariño   자기, 내 사랑   (mi) corazón   나의 심장
(mi) amor   자기, 내 사랑   (mi) bebé   나의 베이비
(mi) cielo   나의 하늘   (mi) vida   나의 인생

단어

(el) cariño [까리뇨] 애정, 사랑   (el) amor [아모르] 사랑   (el) cielo [씨엘로] 하늘   (el) corazón [꼬라쏜] 심장   (el/la) bebé [베베] 아기
(la) vida [비다] 삶, 인생

 회화

Tamara Sangmin, cuéntame cómo eras de niño.

Sangmin Pues, yo de niño era un poco tímido.

Tamara ¡Qué va! Estás bromeando, ¿no?

Sangmin No, jaja.
De hecho, me gustaba estar solo todo el tiempo.

Tamara ¿No jugabas al fútbol con amigos o algo así?

Sangmin Ni hablar, no salía casi nunca.
¿Qué tal tu niñez, Tamara?

Tamara Yo me levantaba muy tarde cuando era niña.
Y mi hermano y yo peleábamos a menudo.

Sangmin ¿Y qué te gustaba hacer?

Tamara Me gustaba hacerles bromas a mis amigos.

Sangmin ¡Eras una niña muy traviesa!

Tamara ¡Como siempre!

10 회화 해설

본문을 소리 내어 5번 읽고 아래와 같이 동그라미 해주세요!

Tamara Sangmin, cuéntame cómo eras de niño.
상민아, 너 어렸을 때 어땠는지 내게 얘기해줘.

> cuéntame는 '나에게 말해줘'라는 긍정명령형이라 목적격 대명사 'me'가 동사 뒤에 위치했어요. de niño 꼬마의, 어렸을 때의 (모습)

Sangmin Pues, yo de niño era un poco tímido.
음, 난 어렸을 땐 약간 소극적이었지.

Tamara ¡Qué va! Estás bromeando, ¿no?
설마! 농담하는 거지, 아냐?

> ¡Qué va!는 '설마, 그럴리가!'라는 의미의 감탄문이에요.

Sangmin No, jaja
아냐, 하하.

De hecho, me gustaba estar solo todo el tiempo.
사실, 항상 혼자 있는 걸 좋아했었어.

> de hecho 사실은
> me gustaba '예전에 좋아했었다' 과거에 대한 묘사이기 때문에 불완료 과거를 써야해요.

Tamara ¿No jugabas al fútbol con amigos o algo así?
친구들이랑 축구하고 뭐 그러지 않았었어?

> jugar a 게임, 스포츠 등을 하다
> o algo así "아니면 뭐 그런거…"라는 의미로 문장 뒤에 붙여줄 수 있어요.

Sangmin Ni hablar, no salía casi nunca.
말도 마, 난 거의 나가 놀지 않았었다구.

> Ni hablar 말도 안 돼!, 말도 마
> casi nunca는 빈도를 나타내는 표현으로 과거의 습관이나 일반적 행동을 표현하는 불완료 과거와 잘 어울리죠.

¿Qué tal tu niñez, Tamara?
네 어린 시절은 어땠어, 타마라?

Tamara Yo me levantaba muy tarde cuando era niña.
나는 어렸을 때 아주 늦게 일어나곤 했지.

Y mi hermano y yo peleábamos a menudo.
그리고 우리 오빠랑 난 자주 싸웠었어.

> peleábamos에서 tilde(강세표시)를 잊지 않도록 해요.

Sangmin ¿Y qué te gustaba hacer?
그리고, 뭐 하는 걸 좋아했었어?

Tamara Me gustaba hacerles bromas a mis amigos.
나는 친구들한테 장난치는 걸 좋아했었어.

> hacer bromas 농담하다, 장난치다
> a mis amigos '친구들에게'에 해당하는 간접목적격 대명사 les를 한번 더 반복해서 써주는 것이 좋아요.

Sangmin ¡Eras una niña muy traviesa!
완전 장난꾸러기 꼬마였구나!

Tamara ¡Como siempre!
언제나 그렇듯이!

> como siempre 언제나 그렇듯이

패턴 플러스

1 Cuando era　A　. "~였을 때"

Cuando era
- niño, era muy alegre — (제가) 어렸을 때 아주 명랑했어요.
- estudiante, era muy alegre — (제가) 학생 때 아주 명랑했어요.
- adolescente, era muy alegre — (제가) 청소년기에 아주 명랑했어요.
- joven, era muy alegre — (제가) 젊었을 때 아주 명랑했어요.

2 Cuando era pequeño,　A　. 옛날 이야기하기

Cuando era pequeño,
- era tranquilo — 어렸을 때 (저는) 차분했었어요.
- paseaba con mi perro — 어렸을 때 (저는) 강아지랑 산책을 했었어요.
- me dolía a menudo el estómago — 어렸을 때 (저는) 배가 자주 아팠었어요.
- no me levantaba temprano — 어렸을 때 (저는) 일찍 일어나지 않았었어요.

3 　A　 trabajando en la oficina. 과거진행형 인칭별 패턴

trabajando en la oficina
- Estaba — (저는) 사무실에서 일하고 있었어요.
- Estabas — (너는) 사무실에서 일하고 있었구나.
- Estaba — (그/그녀/당신은) 사무실에서 일하고 있었어요.
- Estábamos — (우리는) 사무실에서 일하고 있었어요.
- Estabais — (너희는) 사무실에서 일하고 있었구나.
- Estaban — (그들/그녀들/당신들은) 사무실에서 일하고 있었어요.

단어

alegre(s) [알레그레] 명랑한, 쾌활한　　adolescente(s) [아돌레쎈떼] 10대, 청소년기

연습문제 - 말하기

1 오늘의 핵심 문장 듣고 따라 읽기

❶ Cuando era niño, hablaba mucho.   (제가) 어렸을 때, 말을 많이 했었어요.

❷ Yo tenía un amigo. Se llamaba Luis.   저는 친구가 하나 있었어요. 그의 이름은 루이스였어요.

❸ ¿Qué estabas haciendo anoche?   (너는) 어젯밤 뭘 하고 있었어?

❹ Me gustaba mucho tocar el piano.   저는 피아노 치는 것을 많이 좋아했었어요.

❺ Me levantaba muy tarde cuando era niña.   저는 어렸을 때 아주 늦게 일어나곤 했어요.

2 핵심 문법 문장 따라 읽기

❶ ¿Con qué frecuencia haces ejercicio?   (너는) 얼마나 자주 운동을 하니?

❷ Llueve a menudo en verano.   여름에는 자주 비가 와요.

❸ Me ducho dos veces al día.   (저는) 하루에 두 번 샤워를 해요.

❹ No salía antes casi nunca.   (저는) 예전엔 거의 나가지 않았었어요.

3 핵심 관용표현 따라 읽기

❶ ¡Qué va!   설마, 그럴 리가!

❷ de hecho   사실은

❸ algo así   어떤 그런 것

❹ ¡Ni hablar!   말도 마!, 절대 안 돼!

13 연습문제 – 듣기

1 단어, 관용표현 듣고 받아쓰기

① _____
② _____
③ _____
④ _____
⑤ _____

2 잘 듣고 빈칸에 알맞은 단어를 써 넣으세요.

① De _____ , _____ muy guapo.
② _____ mucha gente en la plaza.
③ Mi papá me _____ al _____ cada día.
④ Mis padres _____ trabajando.
⑤ ¿No _____ al fútbol con amigos o _____ así?
⑥ _____ era pequeño, _____ con mi perro.
⑦ _____ _____ en la oficina.
⑧ ¿_____ veces _____ día te duchas?

연습문제 - 쓰기

1 따라 쓰고 읽어 보기

❶ Yo tomaba mucha leche.

❷ Cuando cenaba, mi mamá me llamó.

❸ De niño, era muy alegre.

❹ ¿Con qué frecuencia tomas café?

❺ Veo más o menos cinco películas al mes.

> **TIP 다시 한번 체크해 봐요!**
> - 과거 특정 시절의 추억을 묻는 표현은 적절히 썼나요?
> - 불완료과거 시제 동사변형은 인칭에 맞게 잘 변형하였나요?
> - 습관적 표현에 잘 어울리는 빈도부사를 적절히 사용했나요?

2 문장 작문하기

❶ (너는) 어렸을 때, 뭘 하곤 했었니?

❷ 저는 많은 친구를 가지고 있었어요.

❸ 우리는 항상 학교에 일찍 가곤 했어요.

❹ (저는) 10시에 잠자리에 들곤 했어요.

❺ (저는) 가끔 운동을 했었어요.

❻ 저는 1년에 10권의 책을 읽어요.

단어

más o menos [마스 오 메노스] 대략, 그럭저럭

문화

Galápagos
[갈라빠고스]

갈라파고스 제도

'세상의 중심', 적도가 가로지르는 남미의 북쪽 작은 국가, 그래서 나라 이름부터가 '적도'인 Ecuador에 대해 알고 계시나요? 중남미를 통틀어 에콰도르는 우리에게 비교적 많이 알려지지 않은 나라지만 다양한 동물들의 무대가 되는 갈라파고스 제도는 한 번쯤 들어 본 적이 있을 거예요.

에콰도르의 서쪽으로 약 1,000km 떨어진 곳에 옹기종기 모여 있는 작은 섬들을 갈라파고스 제도(Islas Galápagos)라고 부르는 데요. '갈라파고스'라는 이름은 '말 안장'이라는 뜻의 옛 스페인어예요. 말 안장 모양의 등딱지를 가진 바다거북들(tortugas)이 많이 사는 이 섬의 특징 때문에 지어진 이름이죠.

그 유명한 '종의 기원'을 쓴 영국의 생물학자 찰스 다윈이 그의 여러 가지 이론을 확립하는 데에 중요한 단서들을 이 섬에서 얻었다고 해요. 대륙으로부터 멀리 떨어진 덕분에 제도 안에 있는 각각의 섬에서 같은 종이지만 다양한 모습을 한 동물들을 발견할 수 있었고, 진화론의 핵심적인 증거가 되었던 거죠.

바다거북 외에도 이곳에는 바다이구아나, 육지이구아나, 갈라파고스 펭귄, 물개 등 갈라파고스에서만 발견되는 고유종의 동물들이 많아 전 세계 관광객들의 발길이 끊이지 않는데요. 본토에 비해 아주 비싼 체류비와 비행기값, 관광비 등 때문에 미국 달러화를 쓰는 에콰도르에서 실제 미국의 물가와 큰 차이가 없는 곳이기도 합답니다.

그럼에도 섬 전체가 유네스코 세계자연유산이자 에콰도르의 국립공원으로 지정되어 철저히 보호받고 있을 만큼 매력적인 이 섬의 신비롭고 흥미로운 모습을 꼭 느껴 보시길 바라요.

단어

- (el) ecuador [에꾸아도르] 적도
- (la) isla [이슬라] 섬
- (la) tortuga [또르뚜가] 바다거북
- (la) iguana [이구아나] 이구아나
- (el) pingüino [삥귀노] 펭귄

16

어젯밤 친구들과 놀러 나갔어요.
Salí con mis amigos anoche.

단순과거

과거 특정 시점에 있었던 행동, 사건, 이벤트 등을 표현할 때 우리는 '단순과거'라는 시제를 사용해요. 일상생활에서 대화할 때 가장 많이 사용하는 형태의 시제 중 하나니까 조금 복잡해도 잘 익혀 보아요.

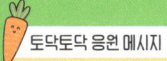 토닥토닥 응원 메시지

El que ríe el último, ríe mejor.
"마지막에 웃는 자가 진짜 웃는 자!"
힘차게 달리고 달려온 여러분 드디어 이 책의 마지막 챕터까지 왔어요. 우리 모두 멋지게 마무리해서 환하게 웃는 모습으로 책을 덮어 보도록 해요! 여기까지 온 여러분은 이미 승자랍니다.

01 15과 복습

1 다음 단어들을 올바른 어순으로 나열해 보세요.

① paseaba | era | perro | pequeña | con | Cuando | mi

_____

② verano | frecuencia | Con | llueve | en | qué

¿ _____ ?

2 주어진 인칭에 맞는 불완료과거시제 변형을 넣고 해석해 보세요.

① Cuando _____ (ser, yo) niño, _____ (ser, yo) tímido.

② A las diez _____ (ver, ellos) la tele.

③ _____ (gustar, a mí) mucho hacer bromas.

④ Mi hermana _____ (levantarse) temprano.

3 다음 문장을 완성해 보세요.

① 우리는 우유를 많이 먹곤 했어요.   Nosotros _____ mucha leche.

② (저는) 자주 축구를 하곤 했어요.   _____ al fútbol _____.

③ (저는) 10대 때 아주 활동적이었어요.   Cuando era _____, era muy _____.

④ (저는) 하루에 두 번 샤워를 해요.   Me _____ dos veces _____.

4 알맞은 단어나 관용표현을 연결시키고, 다섯 번씩 읽어 보세요. ○ ☐ ☐ ☐ ☐

사실은   •   •   ¡Ni hablar!

말도 마!, 절대 안 돼!   •   •   de hecho

거의 ~하지 않는다   •   •   ¡Qué va!

설마!, 그럴리가!   •   •   casi nunca

02 단어

pasado/a(s)	빠싸도	지나간
pasarse	빠싸르쎄	지나가다, 시간을 보내다
ayer	아예르	어제
Buenos Aires	부에노스 아이레스	아르헨티나 수도 부에노스 아이레스
compañero/a	꼼빠녜로	동료, 짝, 함께 하는 사람 m f
caminar	까미나르	걷다
durante	두란떼	~동안
durar	두라르	지속되다, 계속되다
cliente	끌리엔떼	고객 m f
obvio/a(s)	오비오	명백한, 분명한
cultura	꿀뚜라	문화 f
mochilero/a	모칠레로	배낭여행자 m f
hostal	오스딸	호스텔 m
último/a(s)	울띠모	마지막의
fatal(es)	f파딸	아주 나쁜, 치명적인, 불행한

 문장

인칭별 단순과거 시제 문장 맛보기

Yo comí pan.   저는 빵을 먹었어요.

Tú comiste pan.   너는 빵을 먹었구나.

Él comió pan.   그는 빵을 먹었어요.

Nosotros comimos pan.   우리는 빵을 먹었어요.

Vosotros comisteis pan.   너희는 빵을 먹었구나.

Ellos comieron pan.   그들은 빵을 먹었어요.

핵심문장

Salí con mis amigos anoche.   (저는) 어젯밤 친구들과 놀러 나갔어요.

¿A qué hora te levantaste ese día?   (너는) 그날 몇 시에 일어났니?

Viví en Buenos Aires tres años.   (저는) 부에노스 아이레스에서 3년을 살았어요.

¿Qué hiciste el fin de semana?   (너는) 주말에 뭘 했어?

Fui a la playa la semana pasada.   (저는) 지난 주에 해변에 갔어요.

Nos pasamos súper bien.   (우리는) 정말 좋은 시간을 보냈어요.

문법

> 단순과거 시제

과거의 특정 시점에 발생해서 끝난 행동을 묘사할 때 사용해요. 특정한 시점을 나타내는 시간 부사와 함께 쓰이는 경우가 많아요.

동사 어미 규칙 변형

규칙 변형		
	-ar	-er/-ir
yo	-é	-í
tú	-aste	-iste
él, ella, Ud.	-ó	-ió
nosotros/as	-amos	-imos
vosotros/as	-asteis	-isteis
ellos, ellas, Uds.	-aron	-ieron

인칭	hablar	comer	vivir
yo	hablé	comí	viví
tú	hablaste	comiste	viviste
él, ella, Ud.	habló	comió	vivió
nosotros/as	hablamos	comimos	vivimos
vosotros/as	hablasteis	comisteis	vivisteis
ellos, ellas, Uds.	hablaron	comieron	vivieron

불규칙 동사변형

불규칙 변형			
	ser / ir	ver	dar
yo	fui	vi	di
tú	fuiste	viste	diste
él, ella, Ud.	fue	vio	dio
nosotros/as	fuimos	vimos	dimos
vosotros/as	fuisteis	visteis	disteis
ellos, ellas, Uds.	fueron	vieron	dieron

문법

과거의 특정한 시점에 일어난 단순한 행동, 사건, 이벤트 등을 묘사할 때 사용해요. 모두 단순히 '~했다'라고 해석될 수 있어요.

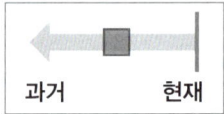

용법 ① 과거 특정 시점의 행동

Yo comí pan ayer.　저는 어제 빵을 먹었어요.

Salí con mis amigos anoche.　(저는) 어젯밤 친구들과 놀러 나갔어요.

Cuando cenaba, mi mamá me llamó.　제가 저녁을 먹고 있을 때, 엄마가 내게 전화했어요.

¿A qué hora te levantaste ese día?　(너는) 그날 몇 시에 일어났니?

Fui a la playa la semana pasada.　(저는) 지난 주에 해변에 갔어요.

- Ayer fue mi cumpleaños.　어제는 제 생일이었어요.

> 잠깐
> 어제가 생일이었다는 표현을 또 다른 행동에 대한 배경 설명으로 쓸 때는 불완료과거를 써서 'Ayer era mi cumpleaños'라고 쓸 수도 있어요. 즉 단순과거와 불완료과거는 약간의 뉘앙스 차이만 있는 경우 두 가지 모두 쓰일 수 있는 경우도 있답니다.

06 문법

용법 ② 과거 제한된 기간 내의 연속된 행동

연속된 시간에 일어난 일이더라도 해당 행동을 독립된 하나의 큰 점으로 보고 단순과거를 사용할 수 있어요. (연속된 시간이라서 불완료과거가 먼저 떠오를 수 있지만 단순과거 시제가 더 적합해요.)

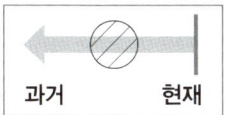

Viví en Buenos Aires tres años. (저는) 부에노스 아이레스에서 3년을 살았어요.

Mis compañeros caminaron durante cinco horas. 나의 동료들은 다섯 시간 동안 걸었어요.

Estos zapatos duraron cinco años. 이 신발은 5년 동안 지속되었어요 (사용되었어요).

용법 ③ 과거 제한된 시간 내에서 반복된 행동

반복해서 일어난 일이더라도 습관적, 주기적으로 일어난 일이 아닌 여러 사건의 집합의 느낌으로 표현한다면 단순과거를 사용해요.

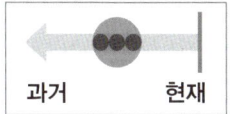

En abril vimos a Tamara tres veces en el parque. (우리는) 4월에 공원에서 타마라를 세 번 봤어요.

Hace un año viajé a Estados Unidos cuatro veces. 1년 전에 (저는) 미국에 네 번 여행했어요.

En dos mil veinte conocí a muchos amigos. 2020년도에 (저는) 많은 친구들을 사귀었어요.

단어

hace [아쎄] + 기간 (지금으로부터) ~전에

문법 플러스

단순과거 시제의 불규칙 변형

단순과거는 불규칙 동사 변형이 복잡하게 적용돼요. 하지만 사용빈도가 높은 동사들이 많으니 피해 가지 말고 익히도록 해 볼게요. 가장 대표적인 유형은 다음과 같아요.

원형	어간 변형	어미
hacer	hic-	-e
estar	estuv-	-iste
tener	tuv-	-o
poner	pus-	-imos
poder	pud-	-isteis
venir	vin-	-ieron

인칭	hacer	estar
yo	hice	estuve
tú	hiciste	estuviste
él, ella, Ud.	hizo	estuvo
nosotros	hicimos	estuvimos
vosotros	hicisteis	estuvisteis
ellos, ellas, Uds.	hicieron	estuvieron

예 A ¿Qué hiciste ayer?
(너는) 어제 뭘 했니?

B Estuve en casa todo el día.
하루 종일 집에 있었어.

참고 hacer 동사의 3인칭은 발음에 맞도록 hico가 아닌 hizo로 써줘야 해요.

기타 불규칙 동사

인칭	decir	domir	pedir
yo	dije	dormí	pedí
tú	dijiste	dormiste	pediste
él, ella, Ud.	dijo	durmió	pidió
nosotros	dijimos	dormimos	pedimos
vosotros	dijisteis	dormisteis	pedisteis
ellos, ellas, Uds.	dijeron	durmieron	pidieron

예 Mi mamá me dijo que ella estaba en casa.
우리 엄마가 집에 계시다고 말하셨어요.

Los clientes pidieron el recibo de la compra.
고객들이 구매 영수증을 요구했어요.

Ellos no durmieron bien esa noche.
그들은 그날 밤 잠을 잘 못 잤어요.

08 플러스 표현

감탄문으로 상대방의 국적을 맞힐 수 있어요

스페인뿐 아니라 중남미 거의 전역에서 쓰이는 스페인어. 각 나라의 표현의 차이를 살펴보는 것도 스페인어를 공부할 때의 재미 중 하나인데요, 우리말의 '대박!'처럼 아주 좋은 상황을 두고 표현할 수 있는 감탄문을 보면 어느 나라 사람인지를 알아챌 수 있답니다. 반대로 우리가 스페인어로 대화할 상대방의 국적에 맞게 감탄문을 구사해주는 센스도 발휘할 수 있지요!

"대박!" "좋아!"

스페인 : ¡Qué guay!　　　　　　　　칠레 : ¡Qué bacán!

멕시코 : ¡Qué padre!, ¡Qué chido!　　아르헨티나 : ¡Qué copado!

콜롬비아, 페루, 에콰도르 : ¡Qué chévere!

챙겨가자 꿀표현 – "얼마예요?"

여행을 하다 보면 반드시 찾아오게 되는 쇼핑의 순간. 가격을 묻는 표현을 살펴볼까요?

¿Cuánto cuesta?　　얼마예요? (보통 특정 제품의 가격을 물을 때)

¿Cuánto es?　　얼마예요? (한 가지 제품의 가격이나 다 합쳐서 얼마인지 물을 때)

¿Cuánto vale?　　얼마예요?

¿Cuál es el precio?　　가격이 어떻게 돼요?

단어

costar [꼬스따르] 가격이 나가다 (ue 불규칙)　valer [발레르] ~와 같은 가치가 있다　(el) precio [쁘레씨오] 가격

09 회화

Tamara Hola, Andrés. ¿Qué hiciste el fin de semana?

Andrés Viajé a Sevilla.

Tamara ¡Qué bien! ¿Fue tu primera vez en Sevilla?

Andrés No, ¿sabes qué?
Fui a Sevilla tres veces el año pasado también.

Tamara Guau, te gusta mucho esa ciudad.

Andrés Obvio que sí. Tiene una cultura muy especial.

Tamara ¿Conociste a alguien en el viaje?

Andrés Sí, conocí a muchos mochileros en el hostal.
Salimos juntos y nos pasamos súper bien.

Tamara ¡Qué suerte tuviste!
Mi último viaje fue fatal.

Andrés La próxima vez, vamos a viajar juntos.

10 회화 해설

본문을 소리 내어 5번 읽고 아래와 같이 동그라미 해주세요!

Tamara	Hola, Andrés. ¿Qué hiciste el fin de semana? 안녕, 안드레스. 주말에 뭐 했어?	hiciste은 hacer 동사의 2인칭 단수(tú) 단순과거 변형이에요. 과거의 행동을 묻는 질문에서 특히 많이 사용돼요.
Andrés	Viajé a Sevilla. 세비야로 여행을 했어.	
Tamara	¡Qué bien! ¿Fue tu primera vez en Sevilla? 와 좋다! 세비야에 처음이었니?	'주말에 한 여행'이라는 특정 시점의 사건에 대해 물어보기 때문에 단순과거 fue를 사용했어요.
Andrés	No, ¿sabes qué? 아니, 그거 알아?	¿Sabes qué?는 "그거 알아?"라고 화두를 던지면서 하는 말이에요.
	Fui a Sevilla tres veces el año pasado también. 작년에도 세비야에 세 번 갔어.	한 번이 아닌 반복된 사건이지만 '작년'이라는 제한된 시간의 행동이라 단순과거로 표현했어요.
Tamara	Guau, te gusta mucho esa ciudad. 와우! 그 도시 정말 좋아하는구나.	Guau: '와우'라는 감탄사를 주로 이렇게 써요.
Andrés	Obvio que sí. Tiene una cultura muy especial. 완전 그렇지. 엄청 특별한 문화를 가졌거든.	obvio que…는 '분명, 명백하게 que 이하의 내용이다'라는 표현이에요. cultura를 especial이라는 형용사로 꾸며주고 있어요. 이렇게 명사를 수식해주는 경우 명사 앞에 부정관사를 붙여줘야 해요.
Tamara	¿Conociste a alguien en el viaje? 여행에서 누구 좀 사귀었어?	
Andrés	Sí, conocí a muchos mochileros en el hostal. 응, 호스텔에서 많은 배낭여행자들을 알게 됐어.	'(경험을 통해) 알다'라는 동사 conocer의 단순과거 시제는 새로운 사람을 만나고 사귀게 될 때 '~를 알게 되다'라는 의미로 사용할 수 있어요.
	Salimos juntos y nos pasamos súper bien. 같이 나가서 놀고 정말 좋은 시간을 보냈어.	pasarse bien 좋은 시간을 보내다, 재밌게 보내다
Tamara	¡Qué suerte tuviste! 넌 참 운도 좋았구나.	¡Qué 명사+문장의 구조는 '정말 ~하다'라는 의미의 감탄문으로 쓰여요.
	Mi último viaje fue fatal. 내 마지막 여행은 끔찍했거든.	mi último viaje라는 특정한 과거의 사건에 대한 서술이므로 단순과거 fue를 사용해요.
Andrés	La próxima vez, vamos a viajar juntos. 다음번엔 함께 여행하자.	próxima vez 다음번(에)

패턴 플러스

1 Yo visité el museo A . 과거 특정 시점을 지칭하는 시간 부사

Yo visité el museo		
	ayer	저는 어제 박물관을 방문했어요.
	anoche	저는 어젯밤 박물관을 방문했어요.
	anteayer	저는 그저께 박물관을 방문했어요.
	el otro día•	저는 지난번에 박물관을 방문했어요.
	ese día / aquel día	저는 그날 박물관을 방문했어요.

• el otro día(지난번에)는 특정한 날이지만 정확히 언제인지를 말하지 않고 이야기할 때 쓰이는 시간표현이에요.

2 Yo me mudé A . '지난 ~'라는 표현의 시간 부사

Yo me mudé		
	la semana pasada	저는 지난주에 이사했어요.
	el mes pasado	저는 지난달에 이사했어요.
	el año pasado	저는 작년에 이사했어요.
	el miércoles pasado	저는 지난 수요일에 이사했어요.
	el fin de semana pasado	저는 지난 주말에 이사했어요.

3 Yo fui de vacaciones A . '(지금으로부터) ~전에'라는 표현의 시간 부사

Yo fui de vacaciones		
	hace dos meses	저는 두 달 전에 휴가 갔어요.
	hace unos años	저는 몇 년 전에 휴가 갔어요.
	hace mucho tiempo	저는 오래 전에 휴가 갔어요.

잠깐 이 밖에도 날짜와 요일, 월, 년, 계절 등의 시간 표현도 올 수 있어요.
el domingo 일요일에   en agosto 8월에   en dos mil veinte 2020년에

단어

anteayer [안떼아예르] 그저께   mudarse [무다르쎄] 이사하다   ir de vacaciones 휴가 가다

연습문제 - 말하기

1 오늘의 핵심 문장 듣고 따라 읽기

① Yo comí pan ayer.   저는 어제 빵을 먹었어요.

② ¿Qué hiciste el fin de semana?   (너는) 지난 주말에 뭐 했어?

③ Fui a la playa la semana pasada.   (저는) 지난 주에 해변에 갔어요.

④ En abril la vimos tres veces en el parque.   (우리는) 4월에 공원에서 그녀를 세 번 봤어요.

⑤ En dos mil veinte conocí a muchos amigos.   2020년도에 (저는) 많은 친구들을 사귀었어요.

2 핵심 문법 문장 따라 읽기

① Estuve en casa todo el día.   (저는) 하루 종일 집에 있었어요.

② ¿Qué te dijo Andrés?   안드레스가 너에게 뭐라고 말했어?

③ Mis amigos vinieron a mi casa.   저의 친구들이 제 집에 왔어요.

④ Se durmió a las diez.   (그는) 10시에 잠들어 버렸어요.

3 핵심 관용표현 따라 읽기

① ¿Sabes qué?   (너) 그거 알아?

② Obvio que sí.   확실히 그래요., 완전 그래요.

③ ¡Qué suerte!   운이 참 좋아요!

④ la próxima vez   다음에

1 단어, 관용표현 듣고 받아쓰기

❶ _____

❷ _____

❸ _____

❹ _____

❺ _____

2 잘 듣고 빈칸에 알맞은 단어를 써 넣으세요.

❶ _____ en Buenos Aires tres _____.

❷ Cuando _____, mi mamá me lo _____.

❸ Ayer _____ mi _____.

❹ Estos _____ _____ cinco años.

❺ ¿_____ a alguien en el _____?

❻ Yo fui _____ vacaciones _____.

❼ _____ _____ en la oficina.

❽ Nos _____ súper bien _____.

14 연습문제 – 쓰기

1 따라 쓰고 읽어 보기

❶ Nosotros comimos pan.

❷ Salí con mis amigos anoche.

❸ ¿A qué hora te levantaste ese día?

❹ Ellos caminaron durante cinco horas.

❺ ¿Conociste a alguien en el viaje?

> **TIP** 다시 한번 체크해 봐요!
> - 단순과거 시제의 불규칙 동사변형은 잘 했나요?
> - 과거의 특정 시점을 나타내는 시간 표현은 정확히 썼나요?
> - 역구조 동사의 구조를 정확히 이해하고 인칭변형 하였나요?

2 문장 작문하기

❶ (저는) 그저께 춤을 많이 췄어요.

❷ 그저께는 비가 많이 왔어요.

❸ 우리는 2015년에 콜롬비아에 갔어요.

❹ 타마라는 작년에 한국에 오지 않았어요.

❺ 제 아기는 어젯밤에 8시간을 잤어요.

❻ 저는 그 영화가 정말 좋았어요.

단어

(el/la) bebé [베베] 아기

Flamenco
[플라멩꼬]

스페인의 열정, 플라멩꼬

스페인이라는 나라를 생각할 때 떠오르는 여러 가지의 이미지가 있죠? 그 중에서도 가장 대표적인 게 바로 스페인의 전통 춤 플라멩꼬(Flamenco)예요. 조금 옛날이긴 하지만 모 핸드폰 광고에서 우리의 영원한 연인 태희 누나가 붉은 옷을 입고 넓은 광장에서 춤사위를 뽐내던 모습을 기억하시는 분들이 있을 거예요. 그 춤이 바로 플라멩꼬였죠.

우리에게 익숙한 여러 전통적인 스페인 이미지의 상당수가 스페인 남부의 안달루시아(Andalucia) 지방에서 유래한 게 많은데, 플라멩꼬도 이 지방에서 시작된 춤이랍니다. 이 지역은 스페인의 원주민 이외에도 여러 민족들의 영향을 많이 받은 특징이 있는데 플라멩꼬 또한 아바리아 가요와 유대교 성가로부터 그 음악의 뿌리를 찾을 수 있고, 춤은 집시 문화의 영향을 강하게 받았어요.

강렬한 리듬감과 멜로디를 만들어 내는 캐스터네츠(castañuela), 박수(palmas)와 발구름(zapateado) 그리고 스페인 기타(guitarra española)와 스페인 카혼(cajón) 등의 악기. 그리고 장단을 맞추어 함께 박수 치고 소리를 지르는 관중 역시도 모두 이 플라멩꼬를 구성하는 요소들이라 할 수 있어요.

언젠가 스페인의 안달루시아 지방, 특히 주도인 세비야(Sevilla)를 방문하게 된다면 허름한 선술집을 찾아 그들의 애수와 한이 담긴 플라멩꼬를 특유의 허스키한 보이스와 함께 즐겨 보면 어떨까요?

단어

- (el/la) gitano/a [히따노/나] 집시, 집시의
- (la) castañuela [까스따뉴엘라] 캐스터네츠
- (la) palma [빨마] 손바닥, 야자나무
- (el) zapateado [싸빠떼아도] 발장단
- (la) guitarra [기따라] 기타